智·库·丛·书

（2021年）

创造重庆高品质生活综合研究

CHUANGZAO CHONGQING GAOPINZHI SHENGHUO ZONGHE YANJIU

孟东方 等 著

西南大学出版社

SWUP 国家一级出版社 全国百佳图书出版单位

图书在版编目(CIP)数据

创造重庆高品质生活综合研究 / 孟东方等著. -- 重庆 : 西南大学出版社, 2021.11
(智库丛书. 2021年)
ISBN 978-7-5697-1159-2

Ⅰ. ①创… Ⅱ. ①孟… Ⅲ. ①人民生活—研究—重庆 Ⅳ. ①D669.3

中国版本图书馆CIP数据核字(2021)第219932号

创造重庆高品质生活综合研究

孟东方 等 著

责任编辑:赵 洁
责任校对:杜珍辉
封面设计:尚品视觉 CASTALY
排　　版:陈智慧
出版发行:西南大学出版社(原西南师范大学出版社)
地址:重庆市北碚区天生路2号
邮编:400715
印　　刷:重庆荟文印务有限公司
幅面尺寸:170 mm×240 mm
印　　张:14.75
插　　页:2
字　　数:213千字
版　　次:2021年11月 第1版
印　　次:2021年11月 第1次
书　　号:ISBN 978-7-5697-1159-2

定　　价:48.00元

2021年智库丛书编审组成员

编审组组长：童小平

主　编　审：吴家农

编审组副组长：严晓光　刘嗣方　米本家　易小光

编 审 委 员：黄朝永　马明媛　王明瑛　欧阳林
张　波　蔡　焘　李　敬　丁　瑶
周林军　童昌蓉　江成山　孙凌宇
何靖波

目录
CONTENTS

重庆市创造高品质生活综合研究

重庆市民高品质生活调研报告

重庆构建高品质生活指标监测体系报告

进一步加快重庆市创造高品质生活的建议

重庆市创造高品质生活综合研究

CHONGQING SHI CHUANGZAO GAOPINZHI
SHENGHUO ZONGHE YANJIU

重庆市创造高品质生活综合研究*

（2020年11月）

人民对美好生活的向往就是我们的奋斗目标。2018年3月习近平总书记在参加重庆代表团审议时要求重庆“加快建设内陆开放高地、山清水秀美丽之地，努力推动高质量发展、创造高品质生活”。为切实把习近平总书记的殷殷嘱托落实在重庆大地上，陈敏尔书记要求，集聚创新资源，增强创新能力，坚定不移推动高质量发展、创造高品质生活。市委、市政府高度重视，关于高质量发展和高品质生活的要求先后写入2019年、2020年政府工作报告，并从生产、就业服务、生活保障等领域出台了相关文件；2020年初以来，面对新冠肺炎疫情考验，重庆更是把高品质生活作为发展的重要目标。重庆创造高品质生活实践有序推动、如火如荼，并取得明显成效。为切实把握重庆市创造高品质生活的状况，分析发展中的优势和不足，探求下一步发展举措，重庆师范大学、重庆市生产力发展中心成立了“重庆市创造高品质生活综合研究课题组”，就此问题展开深入研究。

课题组通过社会发展理论和方法对高品质生活进行了理论构建，借助系统科学和统计理论的方法进行了高品质生活评价

---

*课题指导：童小平；课题组组长：孟东方；课题组副组长：严晓光、吴大兵；课题组成员：程新平、朱勋春、黄意武、刘富胜、马文斌、王资博、杨涛、周磊、江优优、李科、程亚、刘波、马玉姣、熊宇、匡渝渝、周晴、代琼菊、张艺、江丽丽、朱晓琦、张文林、陈乾、董怡储。

的指数构建。基于大量文献调查和对重庆38个区县及万盛经开区的4000余份有效问卷调查、访谈，经过数据模型构建和理性分析，以及一年多的精心努力，三易其稿，形成了本调研报告。2020年9月4日，课题组组长孟东方教授作为重庆“十四五”规划专家咨询委员会成员，在座谈会上就文化产业的高质量发展和城乡文化高品质生活建言，并受到市委书记陈敏尔的高度肯定，陈敏尔书记在总结讲话中专门强调“要保护利用好历史文化资源，注重文旅融合发展，提升城乡文明程度”；提出“要谱写产业发展新篇章”“大力培养引进一流人才和科研团队”“打造高品质生活宜居地”，要把高质量发展、高品质生活评估指标变为项目等。本课题的研究咨政价值得到了一定体现。

课题组提出：重庆市创造高品质生活具有“稳”的态势、“实”的导向、“新”的动能、“好”的要素等优势，但也还存在经济增速总体放缓、文化事业发展受限、社会建设短板亟待补齐、生态建设仍有较大提升空间、社会治理还不完善等不足，并由此建议：应强化理念、做好规划、扬长补短、做好系统保障。这些分析见解和对策建议具有一定的创新性和实践指导性，对理论发展和实践推动有一定价值。

一、高品质生活的基本理论阐述

高品质生活是马克思以人为中心发展理念的时代具化，是迈进新时代广大人民群众对国家的发展建设和对美好生活的目标追求，是中国特色社会主义实现高质量发展的目的归宿。因此，理解高品质生活基本理论，关键是要把握其特定的基本概念、内容结构、基本特点和重要时代价值。

（一）高品质生活的概念界定与内容结构

准确把握概念是认识和理解事物的基本前提，高品质生活来源于生活又高于生活，其既是对现实生活的反映，又是对现实生活的指引。当前中国特色社会主义经济的快速发展，必然又赋予高品质生活更广泛的内涵范畴。

1.高品质生活的概念界定

生活质量不仅是普通民众关注的话题，也是一个备受学界关注的课题。由其衍生的重要概念——高品质生活在国外产生较早，大约兴起于20世纪60–70年代，在我国大约兴起于20世纪90年代。我国学者真正开始研究这一问题是从2018年3月习近平总书记在参加重庆代表团审议时，正式提出"高品质生活"概念之后。我国学者从不同维度对高品质的内涵进行了深入解读。

第一种观点认为，高品质生活是一种内心感受。如上海财经大学课题组（2019）将高品质生活定义为："一种在当下能感受到充实、有保障、可持续的获得感、幸福感、安全感的生活状态。"①

第二种观点认为，高品质生活是一种理想追求。如饶思锐（2019）认为："高品质生活是人们对幸福生活的定义，以及对美好未来的憧憬。它包括人们对生活、学习、工作等外在环境的要

①上海财经大学课题组.上海高品质生活评价指标体系研究[J].统计科学与实践，2019(06):9–13.

求，以及不同阶段人们在物质上、精神上的需求等。”①

第三种观点认为，高品质生活是一种素质要求。如邓嵘（2012）认为：高品质生活是在社会大家庭中每个成员的整体素质、文化涵养、生活体验等得到整体提升后，并且对生命意义有了更高认识和对生活意义产生全新理解后形成的一种价值观。②

以上观点或从个体感受的视角，或从理想追求的角度，或从素质要求的维度阐述高品质生活，视角或维度都较为单一，总体上缺乏较为系统的全面分析，且从界定方法上仍以定性研究为主，定量分析相对缺乏。特别是关于高品质生活的测量指标体系和测度方法等定量研究相对较少。

习近平总书记在2018年全国两会期间参加重庆代表团审议时正式提出的“高品质生活”概念是与“高质量发展”并行的，即“加快建设内陆开放高地、山清水秀美丽之地，努力推动高质量发展、创造高品质生活”。其后，李克强总理在政府工作报告中要求：“使人民生活随着国家发展一年比一年更好”。深入分析习近平总书记关于高品质生活的重要论述可以看出，高品质生活是从物质到精神、从收入到环境、从城市到乡村等多领域、多维度、多层级的广泛要求。高品质生活离不开高质量发展支撑、离不开制度托底的保障，更离不开每个人的奋斗。因此，课题组认为“高品质生活”应是“高品质”理念和“生活”实践体验的整合，是在经济、政治、文化、社会和生态环境充分发展的前提下，人们所呈现出的具有一定高品质生活方式的一种状态，它包含人们对于物质生活、精神生活、生态环境的高度认可和满意，是人们在满足美好生活基础上对更深层次的高质量、高品质生活

①饶思锐．用奋斗成就高品质生活[N]．重庆日报，2019-03-14．

②邓嵘．设计创造高品质生活[J]．艺术百家，2012，(06)：241-242．

境界的不断追求，是一种与自然和谐共生的健康生活方式。高品质生活是能让人民生活更有保障，品质生活更有质感，人生追求更加精彩的一种人生状态。

2.高品质生活的内容结构

高品质生活作为人民生活的高级形态，是一个庞大的品质体系，具有内在的系统结构。就一般理论维度，可以将高品质生活划分为基础层、核心层、保障层三个层级，它们相互依存、相辅相成、互为支撑。换言之，这三个层级是高品质生活的物质基础与决定因素。而这三个层级又统一于高质量发展这个前提。概括来讲，推动高质量发展与创造高品质生活两者是内在联系的有机统一体，高质量发展是前提和基础，高品质生活是目标和要求(图1-1)。

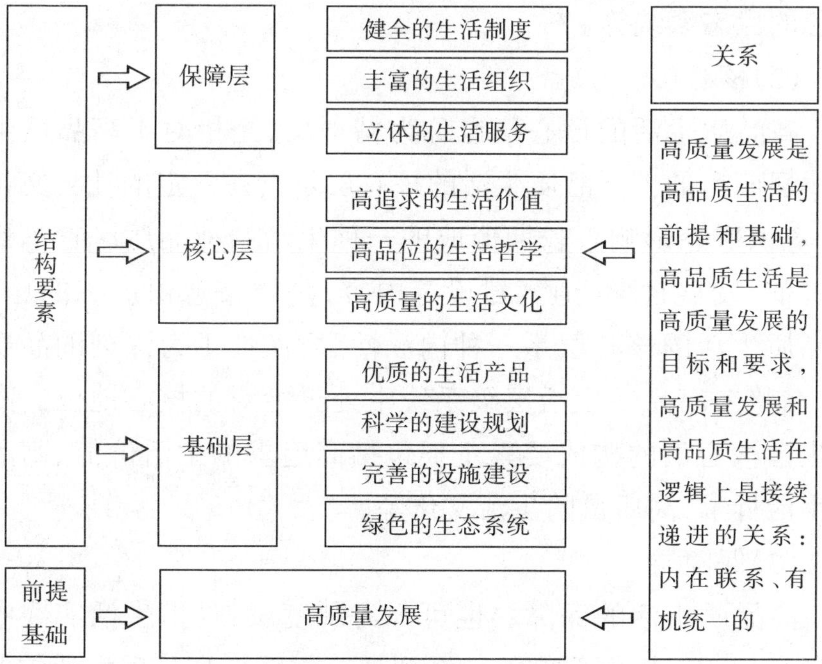

图1-1　高品质生活内容结构示意图

事实上，高品质生活的基础、核心、保障三个层级的各要素也存在发展不充分、被“边缘化”的现实问题，需要在实践中不断调适与完善。但从本质而言，高品质生活存在一个最优的层级结构。

(1)基础层

高品质生活的基础层主要包括两方面的内容：一方面是高品质生活发展中所创造的工作、生活等一切外在条件或环境的综合；另一方面是高品质生活发展中所创造的经济、文化、服务等一切产品的综合。从根本上来说，高品质生活的基础层是以物质形态为载体反映出的高质量发展状态与趋势，其构成要素主要包括优质的生活产品、科学的建设规划、完善的设施建设、绿色的生态系统等。

(2)核心层

高品质生活的核心层也称为精神层，是相对于高品质生活物质层而言的。高品质生活的核心层是指在一定的社会文化背景、意识形态影响下长期形成的一种生活精神品质。它包括精神价值、发展哲学、道德建设等内容，是城市意识形态的总和。高品质生活的核心层是一种内涵性、层次性更为深刻的品质现象，在整个高品质生活层级系统中处于绝对的核心地位。高品质生活核心层的构成要素主要包括高追求的生活价值、高品位的生活哲学、高质量的生活文化等。

(3)保障层

高品质生活的保障层也可称为制度层，是指生活实践中为实现高品质目标而形成的一系列规范体系。高品质生活的保障层作为高品质生活中人与人、人与社会的中介和结合，是一种约束人们生活的行为规范,保障人们的生活始终处于高品质状态。高品质生活保障层的构成要素主要包括健全的生活制度、丰富的生活组织、精准的生活服务等。

高品质生活的内容结构从目标、内容、范畴中体现了其科学性。一是目标的明确性。高品质生活的目标是一个复杂的综合体系。在不同的历史发展阶段,其目标也不尽相同,然而其总体性是十分明确的。高品质生活的目标指向生活的高标准、高追求、高质量。这些目标性既体现于推动高质量发展这个阶段性目标,也体现于“人的自由而全面的发展”这个终极目标。二是内容的丰富性。高品质生活是一个丰富立体的概念,其内容结构囊括了经济、政治、文化、社会、生态等各领域。高品质生活的内容丰富性表现在不同领域的要素融入与支撑。三是范畴的历史性。人是历史的主体,是在历史发展中通过实践改造客观现实世界的实实在在的对象性存在物,而非抽象的存在,更不是基于某些幻想的超验者。而高品质生活是人类历史发展进步的产物,它始终是一个社会历史范畴。就当前而言,只有把高品质生活置于新时代的中国实践与发展的历史过程中,才能真正呈现出其本质。

(二)高品质生活的基本特点

高品质生活是人类社会发展到一定程度所形成的生活方式。从发展的角度来看,它的形成不仅是一个发展的动态过程,更是一个丰富立体的系统结构。就其本质而言,高品质生活是理论与实践探索的有机统一,这种有机统一关系体现着一种科学、丰富、和谐、平衡的内在特质。

1. 高品质生活的全面性

实现“人的自由而全面的发展”是共产主义的价值追求和远大目标。高品质生活的全面性体现在对于全面发展的不懈追求上。随着我们的综合国力持续增强，不断向国际舞台中央靠近，国际话语权也不断提升，人们对美好生活的需要更加强烈，实现美好生活愿望的奋斗动力更足。新时代下，人民的生活需要从对社会物质文化的需求基础上，延伸与扩展到社会民主、法治、公正等多个领域。概括来讲，满足人民美好生活需要就是要满足人民生活的经济富足、政治民主、文化繁荣、社会公平和生态美好的需要。美好生活是全民所期待的生活，而高品质生活是在美好生活基础上的更深层次要求，其全面性一方面体现在生活基础配置的全面性，是在美好生活全面覆盖基础上更高层次和更高品质的要求。另一方面体现在高品质生活覆盖区域和覆盖人群的全面性，坚持发展为了人民、发展依靠人民、发展成果由人民共享的原则，创造高品质生活虽然由于区域和个体差异性的原因有不同的要求和标准，但是在区域性和人口覆盖上必须是全面性的。

2. 高品质生活的持续性

高品质生活不是某一阶段的生活需求，而是在长期发展中不断追求的过程，是在不同发展阶段持续提高生活品质的过程。一方面是生活品质需求的持续性，人们对高品质生活的需求具有阶段性、多样性和差异性，在社会发展的不同阶段，随着人们生活品质的不断提高，其对生活需求上的品质要求也在不断变化。另一方面是生活品质供给的持续性，高品质生活需要高品质的供给，高品质生活的呈现是一个动态过程，因此也需要在提供高品质生活的供给上呈现相应的变化。

3. 高品质生活的多样性

在生产不断发展的新时代，人民生活呈现出多样性、多样化的发展趋势，这是推进社会主义现代化进程的必然结果。创造高品质生活的同时也伴随着满足高品质生活价值观的呈现，在全面开放的新时代发展中，由于区域发展程度不同、个人和群体社会身份地位不同，对生活的需求满足层次和文化价值观会呈现出多元、多样的形式，这主要体现在以下三方面。一是生活方式的多样性。现实中，正是多样化、多元化的生活使得人们对于生活方式有了更多的选择，从而呈现出丰富多样的生活需求，但总体呈现的是某个人或者群体的高品质的生活方式。二是生活内容的丰富性。高品质生活的核心体现在文化精神生活的丰富性，文化是个人发展的灵魂，只有丰富且有品质的文化生活，才能够满足高品质生活的需要。三是生活品位的差异性。高品质生活的多样性所呈现的还有对生活品位的差异性，由于社会地位、教育环境的不同，每个个体对于生活的追求和要求不同，所呈现的对生活品质的要求也不同。所以，社会发展在尊重整体生活的高品质过程中，还需尊重个体差异性，允许个人对高品质生活的个性化、差异性需求的存在。

（三）创造高品质生活的重大意义

创造高品质生活是对生活品质的进一步提升，是人们对生活发展持有的更高期待。高品质的生活体系要求在经济、政治、文化、社会、生态等各个领域有更高规格的设计谋划、更高质量的健康发展、更加舒适的现实体验。重庆市创造高品质生活对于重庆社会发展的各方面都具有较高的要求，必须要立足“两点”定位、实现“两地”“两高”目标、发挥“三个作用”和营造良好的政治生态。创造高品质生活能够促进经济高质量稳步发展，能够进一步挖掘重庆人文的独特韵味，能够推动建设重庆山清水秀美丽之地。

1.有利于推动重庆高质量发展

从当前的发展情况来看，重庆还面临诸多问题和矛盾的挑战，主要是缺乏平稳且牢固的经济基础，突出表现为投资后劲不足；产业结构正在深度调整，新兴消费、外贸新增长点等仍在培育，尚未形成强劲动力，支柱产业、战略性新兴产业等支撑力不足；科教、人才还需不断加强，优质创新资源有待进一步集聚；城市功能仍需整合完善，尤其在经济管理等方面；农业稳定且持续增收还需挖掘；交通、水利等基础设施建设仍有巨大提升空间，民生保障短板亟待补齐；政府职能作用还需充分释放，营商环境有待改善。特别是经历2020年初以来新冠肺炎疫情的考验，对照人民群众对高品质生活的新期待，如何打好这一期间的攻坚战意义重大而深远。[①]

深刻领会习近平总书记关于高品质生活重要论述的精神实质和丰富内涵，深刻把握高品质生活的本质，以坚定的脚步和创新的精神更加有效地破解各种难题与困境，擘画高质量发展与高品质生活的壮美蓝图，对推动重庆高质量发展具有重要意义。一方面，创造高品质生活可为重庆高质量发展提供不竭内驱力。高质量发展是高品质生活的基础前提，对高品质生活的创造性要求进一步推动了重庆高质量的发展；立体的生活服务、丰富的生活组织和健全的生活制度是高品质生活的基本保障。另一方面，创造高品质生活可为重庆高质量发展提供强大助推力。这

① 唐良智.重庆市人民政府工作报告——2020年1月11日在重庆第五届人民代表大会第三次会议上[J].重庆市人民政府公报，2020(02)：1-15.

种助推作用包括不断推进政治体制机制改革，完善政治制度建设，解放发展活力；推动产业布局与发展的科学性，推动交通等基础设施规划布局与建设的科学性；促进绿色生态意识深入人心，促使人、自然与社会形成和谐共生的系统结构；促进生活产品的优质化、科技赋能品质生活等，这些都将日益成为重庆推动和创造高品质生活的重要引擎。

2.有利于提升重庆人民品质生活

习近平总书记在2018年“两会”上关于高品质生活与高质量发展的重要讲话，既是对我国经济社会发展的科学评价和指引，更是对重庆经济社会发展的希望和鞭策。当前的重庆依然是集大城市、大农村、大山区、大库区于一体，城乡差距、区域差距很大，经济总量、发展水平同东部等发达地区依然存在较大差距，离人民群众的期盼还有差距。人民对美好生活的向往就是我们的奋斗目标。因此，加快创造高品质生活对提升重庆人民品质生活意义重大。

(1)创造高品质生活有利于提升人民的高品质生活体验

一是唤醒人们的品质生活意识，让人们形成高品质生活的思想自觉。思想是本，是行动的先导。高品质生活是能够发挥品质感召的有力武器，能引导广大人民群众不断增强品质生活意识。当高品质成为一种普遍性的生活体验，其必然能够持续激发人们的品质意识，让高品质生活理念深入人心，从而彻底根除人们思想深处传统的、单一的生活方式与观念，形成追求高品质生活的思想自觉。二是促进形成更好发挥“硬”规范和“软”手段多重效力的公共意识，形成高品质生活的行为自觉。通过政策、法律、规章等硬性约束，促使人们在高质量发展中逐渐养成追求高品质的生活自觉。通过文明公约、全民阅读促进条例等软性手段，引导品质理念自觉在思想上，落实在行动上。三是促进人们生活品质再升级的责任意识，让人们形成高品质生活的逻辑自觉。创造高品质生活是一项长期性、复杂性的系统工程，尤其需要共同提升高品质心理阈值，持续用力，久久为功。人们将更加热衷于创新实践，树立发扬高品质生活理念，并依托现代科学技术，契合生活需求，自觉推动生活品质的再优化、再升级。

(2)创造高品质生活有利于加强重庆的文化品质凸显

重庆作为中国历史文化名城，其中的巴渝文化、三峡文化、抗战文化是构成重庆历史文化的主体，除此之外还包括重庆独特的饮食文化、旅游文化、民俗文化和时尚文化，重庆人文气息有其独特的气质和品质。“重庆的文化资源集‘特’‘异’‘雅’‘俗’‘优’‘野’于一身，这是其他省份所不具备的资源要素，是重庆文化资源独特的优势。”[①]重庆市创造高品质生活是响应国家发展战略要求，把高品质生活的创造之路走在前面的，是立足重庆发展需要提出的，是蕴含重庆文化特色的。创造高品质生活是凸显重庆人文品质和推动重庆文化走出去的重要途径。立足高质量发展，结合新时代的新变化新形势，精准把握新时代高品质生活的新要求，深刻把握新时代高品质生活的基本方向与总体目标，始终对标对表，从个体到群体，从区域到国家，形成高品质的生活行为与规范。

3.有利于建设山清水秀美丽之地

生态兴则文明兴，重庆3000多年的经济社会发展史也是热爱自然的历史。重庆人对于生态的保护始终遵循“天人合一”“和谐共生”的生态保护理念，形成了现在重庆生态较为良好的生态环境。但我们也要看到当前重庆生态环境较为脆弱，污染

①孟东方.重庆学[M].北京:经济科学出版社,2019:239.

防治任务较重。特别是重庆作为长江上游生态屏障的最后一道关口，对长江中下游地区生态安全发挥着不可替代的作用。保护好长江母亲河和三峡库区，事关重庆长远发展，事关国家发展全局。高品质生活下的重庆要想保持生态环境良好、宜居宜游，就要不断改善生态环境，积极推进发展方式转变，要"绿水青山"，也要"金山银山"。因此，重庆通过坚持"绿水青山就是金山银山"的发展要求，不断优化环境发展，以生态保护为先，有利于建设山清水秀美丽之地。

创造重庆高品质生活，全力推进重庆山清水秀美丽之地建设。一是筑牢长江上游重要生态屏障。着眼长江流域生态系统整体大局，统筹把握好各类生态要素，不断强化自然生态保护修复，创新优化生态空间格局。二是坚持民生为先，打好污染防治攻坚战，解决好大气、水污染等关系人民群众切身利益的环境问题，不断改善环境。三是以供给侧结构性改革为抓手，推动新旧动能转换，促进产业转型升级，变生态优势为发展优势。四是创建绿色美丽家园。重点打造宜居宜业宜游环境，推进生态文明体制、绿色发展制度机制深化改革，对开发、利用、保护自然资源的各种行为进行科学合理的引导、约束与规范。

二、高品质生活指数评估指标体系的构建

高品质生活既是经济社会发展水平的客观反映，也是人民群众的主观感受。为准确把握一个地区一个时段高品质生活的状态，依据统计学的理论和方法进行相应的指标设定和量化测评是可行的，也是可靠和必要的。

(一)高品质生活指数的内涵

指数(Index)是一个统计学概念。从广义上讲,泛指一切能说明社会经济现象数量变动或差异程度的相对数;从狭义上讲,主要指反映不能直接相加和对比的复杂社会经济现象综合变动程度的相对数。指数描绘了社会经济现象数量的变动性,而任何社会经济现象都不是孤立存在的,因此,要对相对联系的多个社会经济现象做深入研究,便需要运用多个统计指数结合形成相对的指数体系来进行分析。由此,指数体系则是指由若干在社会经济内容上相互联系的统计指数所构成的整体。①

高品质生活指数有其特定的内涵,它对创造高品质生活具有重要的理论和现实意义,亦对高品质社会的发展具有积极推进作用。本课题结合国内外相关理论研究和实践探索的经验,认为高品质生活指数是根据高品质生活的要求,基于高品质生活的目标,用以衡量或测定一定时期某个地区人们的高品质生活状态的评价指数,是高品质生活评价的数量表现,是运用高品质生活评估指标体系、评估生活状态的最终结果。

高品质生活指数,一方面能够客观地衡量当前我国社会经济、文化、生态、社会高品质建设水平以及人民群众生活幸福状况,直观地反映社会各领域高品质建设实际;另一方面能够把握高品质建设发展总体状况,尤其是从对比中找准与发展目标的差距,发现问题,深度分析问题成因,进而提出缩小差距的具体解决措施与原则。

---

①陈存根,何庆良,陈澍,孟东方.构建科学发展系统工程研究论纲[J].改革,2008(11):129-140.

(二)构建高品质生活评估指标体系的原则和方法

高品质生活指数评估指标体系的构建必须遵循一定的原则和方法,才能够保证所构建的指标体系科学有效、具有操作性。

1.构建高品质生活评估指标体系的原则

构建高品质生活评估指标体系需要遵循以下原则。

(1)指导性原则

始终坚持党的领导,保证各类指标的选取能够反映人民对美好生活的需求。将高品质生活评估指标体系的指标与国家重大战略部署相结合,同时指标的内容密切结合工作实际,赋予指标特色性和创新性。

(2)科学性原则

高品质生活评估指标体系的指标选取、权重赋予、模型构建等都要以科学的理论和方法作为指导,确保测算的结果科学、合理、可靠。

(3)全面性原则

高品质生活评估指标体系需要内容和结构全面,以保证对高品质生活全方位、多角度和综合性的评估。内容全面要求高品质生活评估指标体系能够充分反映高品质生活的丰富内容,内容结构全面要求高品质生活评估指标体系的指标层次之间、主观指标与客观指标之间保持全面。

(4)时效性原则

高品质生活评估指标体系要以创造高品质生活阶段性和长远性目标相结合,并在不同的阶段制定不同的高品质生活标准和高品质生活评估指标体系,使高品质生活评估指标体系动态贯穿于高质量发展、创造高品质生活始终。

(5)可行性原则

高品质生活评估指标体系的指标选取要考虑来源的可行性、指标的可测度、指标的认同度等,评估指标的选取尽量便于理解,易于操作。要求选取的指标有代表性,尽量采用与高品质生活相关的指标来反映更多的内容,便于数据的收集和统计分析。

(6)可比性原则

高品质生活评估指标体系需要满足横向和纵向可比性的原则。纵向可比性原则要求高品质生活评估指标体系能够动态反映我国创造高品质生活的历史、现状和未来趋势。横向可比性原则要求高品质生活评估指标体系的构建能够进行地区或区域之间的比较。

2.构建高品质生活评估指标体系的方法

构建高品质生活评估指标体系是一个较复杂的系统工程,需要以科学的思想为指导,采用科学的方法。

(1)问卷调查法

高品质生活评估指标体系涉及大量的主观指标和客观指标,从构建指标体系的维度需要通过采用多阶段分层抽样的科学抽样方法,尽量准确反映人们对高品质生活的主观感受和客观指标,并根据文献和专家咨询讨论设计高品质生活主观和客观指标问卷。

(2)文献收集法

课题组以“高品质生活”“高质量生活”“美好生活”“life of high quality”“high-quality life”等为关键词,在中国知网(CNKI)、万方、维普等国内数据库,以及Web of Science、EI Compendex等国外数据库,查询、收集、整理和分析与本课题研究相关的文献信息，尤其是相关的评估指标体系。

(3)访谈法

在问卷预调查基础上，课题组通过采用专家咨询法对问卷进行修改完善，形成正式的调查问卷，保证调查问卷的准确性和可操作性。重点依托科学的抽样方法，采取问卷访谈，直观与真实掌握调查对象对高品质生活的主观体验与感受，收集其对高品质生活的期望和建议。

(4)比较研究法

比较研究法是通过对两个或两个以上的事物，按照一定的标准和维度进行考察，寻找它们之间相似性或相异性程度的研究和判断方法，按时空的区别可分为横向比较与纵向比较，按比较的性质可分为定性比较与定量比较，按比较的范围可分为宏观比较和微观比较等。课题组在第三部分中，从时空角度开展了重庆高品质生活指数的纵向和横向比较，较为全面和科学地掌握了重庆开展高品质生活建设水平。另外，课题组还采用了定性与定量相结合的方法，对重庆与其他直辖市、重庆与其他省(市)高品质生活建设水平进行了量化表征和定性分析，较为直观和科学地分析了重庆高品质生活建设所取得的成效。

(三)高品质生活评估指标体系的架构与内容

1.高品质生活评估指标体系的架构

本课题研究始终坚持以习近平新时代中国特色社会主义思想为指导，紧密结合人民群众对美好生活的需要，从共享五大领域的发展成果等维度，以及增强人民群众的获得感、幸福感、安全感等角度确定高品质生活的主要体系架构。在此基础上，课题组进一步结合高品质生活的科学内涵，以及国内外相关研究成果，从主观评估和客观评估相结合的角度，初步确定了高品质生活评估指标体系的架构。

高品质生活指数评估指标体系应由客观指标和主观指标两个方面构成，主观指标和客观指标单一方面都无法反映高品质生活的全貌。高品质生活指数评估指标体系的建构应基于党和国家的重要制度安排。习近平总书记在党的十九大报告中首次提出："使人民获得感、幸福感、安全感更加充实、更有保障、更可持续。"人民群众的获得感、幸福感、安全感必将是衡量人民生活品质的基本指标。根据党的十九大报告和相关文献，本课题将高品质生活定义为一种人民在当下能够感受到更加充实、更有保障、更可持续的获得感、幸福感和安全感的生活状态。创造高品质生活的终极目标是要不断提高人民的获得感、幸福感和安全感（以下简称"三感"）。民生"三感"是人民的需求、政府的供给和人民的感知三者的统一。虽然民生"三感"在形式上是主观的，但是在内容上是客观的。高品质生活内容的客观性，要求高品质生活需要以一定客观物质为基础。因此，可以基于高品质生活的客观物质基础和人民对于"三感"的主观感受评价高品质生活的结果。

高品质生活的客观物质基础是国家社会经济建设取得的成果，因此高品质生活指数客观指标评估体系还需要基于国家建设总体布局。党的十八大报告首次提出要统筹推进经济、政治、文化、社会、生态文明"五位一体"总体布局。党的十九大则立足未来发展，在全面总结经验的基础上，制定新时代统筹推进"五位一体"总体布局的战略目标，同时明确中国特色社会主义事业总体布局是"五位一体"。因此，高品质生活指数客观指标体系的构建可以从“五位一体”的方向寻求指标，特别是涉及民生的供给部分。基于此，本课题基于中国特色社会主义事业“五位一体”总体布局的思想，基于供给端的维度，从经济高品质建设、文化高品质建设、社会高品质建设、生态高品质建设和治理高品质建设等5个方面建立高品质生活评估指标体系，从客观角度对高品质生活进行量化评估。有必要说明的是，高品质生活评估指标体系中的一级指标，淡化“政治”这一范畴，原因在于，中国特色社会主义制度有着无可比拟的、天然的优越性，倘若采用指标量化的方式进行评估，难以真实客观地反映其比较优势与时代进阶。而治理则是政治的重要表征，其中，国家治理体系现代化更是衡量政治文明的重要标尺。加之治理属于具体工作层面，可量化、可统计、可衡量。综合研究，课题组将“治理”纳入一级指标，替代“政治”。

综上所述，高品质生活评估指标体系的构建综合考虑了创造高品质生活的需求端和供给端实际状况，采用了客观指标评估和主观指标评估相结合的方式。其中，客观指标的选取主要是基于“五位一体”总体布局思路，选取经济、社会、文化、生态和治理5个方面进行衡量；主观指标的选取主要从群众获得感、群众幸福感和群众安全感3个方面加以衡量。

高品质生活评估指标体系架构结构见图1–2。如图所示，高品质生活评估指标体系共包括8个一级指标，即经济高品质建设、文化高品质建设、社会高品质建设、生态高品质建设、治理高品质建设、群众获得感、群众幸福感以及群众安全感等8个方面，共有29个二级指标、78个三级指标。高品质生活评估指标体系的具体内容见表1–1。

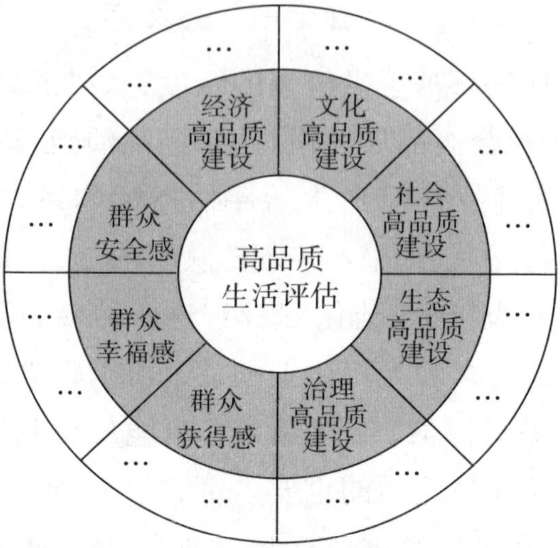

图 1-2　高品质生活指数评估指标体系架构示意图

指标的遴选是根据高品质生活涉及八个方面进行二级指标的确定，二级指标的选择围绕一级指标涉及的内容和范围，把握一级指标的核心定义，尽量做到有代表性和广泛性，根据高品质生活的核心定义确定二级指标，同时对其具体指标进行搜集整理，分领域整理相关指标，按照所属类别进行归类整理。课题组根据分类整理的一级、二级、三级指标，进行初步筛选，即召开课题组小组讨论会，对具体指标的重要性进行讨论，形成了 79 个指标的征求意见稿。在此基础上，课题组邀请了 10 名市内知名专家，对征求意见稿的指标进行重要性的评价和赋权。课题组在充分吸收专家建议的基础上，删除了 3 项指标，增加了 2 项指标，替换了 5 项指标，最终形成了 78 个指标的高品质生活指数评估指标体系（表 1-1）。

表1-1　高品质生活指数评估指标体系

一级指标	二级指标	三级指标		指标性质
经济高品质建设	经济发展	1	人均GDP	客观指标
		2	城镇化率	客观指标
		3	三次产业占比	客观指标
		4	恩格尔系数	客观指标
	创新驱动	5	全社会R&D投入	客观指标
		6	高新技术产业增加值占GDP比重	客观指标
		7	全员劳动生产率	客观指标
		8	技术市场成交金额	客观指标
	经济活力	9	GDP增长率	客观指标
		10	居民消费贡献率	客观指标
		11	进出口金额占GDP比重	客观指标
文化高品质建设	文化投入	12	公共文化财政支出	客观指标
		13	每万人公共文化设施数量	客观指标
	文化市场	14	文化产业增加值	客观指标
		15	文化产业占GDP比重	客观指标
		16	旅游总收入	客观指标
	文化参与	17	出入境游客人数	客观指标
		18	居民文化娱乐消费支出占居民消费支出比重	客观指标
社会高品质建设	医疗卫生	19	每万人口拥有医师数量	客观指标
		20	每千人口医疗卫生机构床位	客观指标
		21	婴儿死亡率	客观指标
	教育事业	22	教育事业支出占财政支出比重	客观指标
		23	高等学校毛入学率	客观指标
		24	劳动年龄人口平均受教育年限	客观指标
	居住条件	25	人均公园绿地面积	客观指标
		26	人均住房建筑面积	客观指标
	社会保障	27	平均预期寿命	客观指标

续表

一级指标	二级指标	三级指标		指标性质
		28	基本社会保险参保率	客观指标
		29	城镇登记失业率	客观指标
		30	老年人口养老机构床位数	客观指标
	交通出行	31	城市人均拥有道路面积	客观指标
		32	高铁通车里程	客观指标
		33	百户家庭拥有私家车数量	客观指标
生态高品质建设	自然资源	34	全年空气质量达标率	客观指标
		35	森林覆盖率	客观指标
	环境质量	36	生活垃圾无害化处理率	客观指标
		37	主要重金属污染物排放量	客观指标
		38	城乡污水处理率	客观指标
		39	农村卫生厕所普及率	客观指标
	生态经济	40	主要工业污染物排放强度	客观指标
		41	单位 GDP 能耗	客观指标
		42	工业固体废物综合利用率	客观指标
治理高品质建设	公众参与	43	民生重大决策听证率	客观指标
		44	基层民主参选率	客观指标
	行政效能	45	基尼系数	客观指标
		46	营商环境指数	客观指标
	社会安全	47	万人发案率	客观指标
		48	每万人交通死亡人数	客观指标
		49	亿元 GDP生产安全事故死亡率	客观指标
		50	食品案件查处数量	客观指标
群众获得感	经济收入获得感	51	群众对获得更高收入的评价	主观指标
		52	群众对获得更稳定工作的评价	主观指标
	公共管理获得感	53	群众对公共事务参与的评价	主观指标
		54	群众对法治发展状况的评价	主观指标

续表

一级指标	二级指标	三级指标		指标性质
		55	群众对政府工作效率的评价	主观指标
	精神文化获得感	56	群众对获得更好教育的评价	主观指标
		57	群众对获得丰富精神文化生活的评价	主观指标
	社会保障获得感	58	群众对获得可靠社会保障的评价	主观指标
		59	群众对获得更高水平卫生服务的评价	主观指标
		60	群众对养老服务的评价	主观指标
	美好环境获得感	61	群众对交通出行的评价	主观指标
		62	群众对住房条件的评价	主观指标
		63	群众对自然环境的评价	主观指标
群众幸福感	物质生活	64	群众对当前物质生活的评价	主观指标
		65	群众对未来物质生活的评价	主观指标
	身心健康	66	群众对自身身体健康的评价	主观指标
		67	群众对自身心理健康的评价	主观指标
	抱负才能	68	群众对个人当前工作的评价	主观指标
		69	群众对个人未来前途的评价	主观指标
	人际关系	70	群众对个人人际关系的评价	主观指标
		71	群众对个人婚姻状况的评价	主观指标
群众安全感	生存安全	72	群众对个人人身安全的评价	主观指标
		73	群众对个人财产安全的评价	主观指标
	治安安全	74	群众对社会犯罪状况的评价	主观指标
		75	群众对社会秩序状况的评价	主观指标
	环境安全	76	群众对交通安全状况的评价	主观指标
		77	群众对生产安全状况的评价	主观指标
		78	群众对食品健康状况的评价	主观指标

2. 高品质生活评估指标体系的内容

高品质生活评估指标体系的各指标具体内涵及相关要求如下。

(1)经济高品质建设

经济建设是创造高品质生活的重要物质基础,准确把握和量化测度经济发展水平对于推动和创造高品质生活意义重大。经济高品质建设需要综合考虑经济发展的多个维度,特别需要关注经济总量、经济发展结构、经济发展动力转换、经济发展活力等事关经济长远发展的关键指标。对此,本课题选取"经济发展""创新驱动""经济活力"等3项二级指标对经济高品质建设水平进行衡量。

①经济发展。经济发展是衡量经济建设的直接指标,可通过总量和结构等方面的指标进行反映,特别是我国经济进入新常态,经济由高速增长转变为中高速增长,经济发展结构尤为重要。在此,本研究采用"人均GDP""城镇化率""三次产业占比"和"恩格尔系数"分别反映经济发展增速和结构。需要指出的是,本课题采用"人均GDP"指标而未使用"GDP总量"指标,原因主要是"人均GDP"能够切实反映经济建设过程中人们的生活水平变化情况。

②创新驱动。创新是引领发展的第一动力,推动高质量发展的重要表现就是创新驱动发展。提高经济创新发展水平,一方面要明确创新引领发展的现状和动力,另一方面还要改善当前创新要素投入水平,而后者主要依靠R&D投入、生产要素投入等。基于此,本研究采用"全社会R&D投入""高新技术产业增加值占GDP比重""全员劳动生产率"和"技术市场成交金额"

分别衡量创新驱动的投入和产出。

③经济活力。经济活力是指一定时期内经济中总供给和总需求的增长速度及其潜力,主要涉及国民生产总值的增长率、固定投资率和储蓄率及其变化等。[①]群众的经济高品质建设一方面是基于国家的整体经济发展水平,另一方面也基于广大群众的经济消费水平。对此,本研究采用“GDP增长率”“居民消费贡献率”“进出口金额占GDP比重”等指标对经济活力指标进行衡量。

(2)文化高品质建设

文化建设是提高人民思想觉悟和道德水平的重要条件,也是创造高品质生活的重要保证,所以,文化高品质建设也是高品质生活评价指标体系的重要组成部分。社会文化建设主要由文化活动投入(供给)、文化市场(消费需求)、文化活动参与等方面构成。其中文化活动投入作为支持文化发展的重要驱动,是文化高品质建设的基础,文化市场和文化活动参与直接关系到文化发展的活力。基于此,本课题从“文化投入”“文化市场”和“文化参与”等方面对生活高品质建设中的文化高品质建设水平进行测度。

①文化投入。文化投入采用“公共文化财政支出”“每万人公共文化设施数量”等指标进行衡量。

②文化市场。文化市场(消费需求)为文化建设发展提供了良好的持续运营环境,是推进文化产业发展和文化高品质建设的重要支撑平台。本研究采用“文化产业增加值”“文化产业占GDP比重”“旅游总收入”等指标从文化产业、文化消费等维度对

①孔淑红,曾铮.国际投资学(第2版)[M].北京:对外经济贸易大学出版社,2005:8.

文化市场进行量化测度。

③文化参与。社会文化参与和文化高品质建设之间存在密切的相互依赖关系,就文化消费参与而言,其文化参与交流程度直接关系到社会文化发展的活力。在此,本研究采用“出入境游客人数”“居民文化娱乐消费支出占居民消费支出比重”等指标对文化参与水平进行量化测度。

(3)社会高品质建设

社会建设是为了解决人民直接的利益问题,为人民创造稳定的生活和社会环境,是创造高品质生活的核心内容,社会建设也是高品质生活评价指标体系的重要内容。社会建设的领域包括教育、居住、交通、医疗卫生、社会保障和社会管理等众多方面,其建设水平直接关乎民生。所以,着力加强社会高品质建设对于从根本上实现人们的高品质生活建设目标具有重要价值。课题组从医疗卫生、教育事业、居住条件、社会保障、交通出行等四个方面对社会高品质建设水平进行量化测度。

①医疗卫生。医疗卫生水平直接影响国民健康,而健康是高品质生活的基本保证。对此,本研究采用“每万人口拥有医师数量”“每千人口医疗卫生机构床位”和“婴儿死亡率”等指标来反映医疗卫生发展水平。

②教育事业。教育是个体获取社会资源和改善生活品质的有效途径,同时居民的受教育水平也决定了生活品质的高低。居民受教育水平高低主要取决于社会对教育的投入。本研究用“教育事业支出占财政支出比重”“高等学校毛入学率”和“劳动年龄人口平均受教育年限”指标衡量教育的高质量发展水平。

③居住条件。居住条件是对人们生存生活现状的切实反映。本研究采用“人均公园绿地面积”“人均住房建筑面积”等指

标衡量居住条件发展水平。

④社会保障。社会保障增强了人们的抗风险能力，能够为高品质生活兜底，社会保障包括覆盖率、保障水平和可持续性。本研究采用“平均预期寿命”“基本社会保险参保率”“城镇登记失业率”“老年人口养老机构床位数”等指标衡量社会保障发展水平。

⑤交通出行。交通便捷是人们出行便利的物质基础。本研究采用“城市人均拥有道路面积”“高铁通车里程”“百户家庭拥有私家车数量”等指标来衡量人民群众在交通出行方面的高品质建设水平。

(4)生态高品质建设

党的十八大提出要把生态文明建设放在突出位置。生态文明建设为高品质生活创造了环境基础，生态文明建设也是高品质生活评价指标体系的重要组成部分。生态文明本质上包含自然生态文明和经过人为建设的生态发展文明，而自然生态文明又可以分为自然资源和自然环境。在此，本研究通过自然资源、环境质量和生态经济三个方面量化测度生态高品质建设水平。

①自然资源。自然资源主要是指支撑人们生产生活的环境资源建设情况，例如空气、水、森林资源状况等。本研究采用“全年空气质量达标率”“森林覆盖率”等指标对人们生活中的自然资源建设水平进行衡量。

②环境质量。环境质量是人们根据环境污染程度对所处生产生活的环境质量做出的评价。本研究选用“生活垃圾无害化处理率”“主要重金属污染物排放量”“城乡污水处理率”“农村卫生厕所普及率”等指标对群众生态高品质建设中的环境质量进行量化测度。

③生态经济。生态经济是指人们在经济发展过程中为保护生态环境采取的行动，可以从污染物排放、固体废物处理等角度进行刻画。本研究采用“主要工业污染物排放强度”“单位GDP能耗”和“工业固体废物综合利用率”三个指标进行衡量。

(5)治理高品质建设

治理建设是指为经济建设、文化建设、社会建设和生态文明建设所提供的政务管理、政策保证等，是创造人们高品质生活的关键要素，也是高品质生活评价体系的重要内容，其衡量可以从治理的投入、过程和产出三个阶段来开展。第一，从治理高品质建设的投入来看，除了政府等相关社会职能部门的参与外，社会公共参与治理状况直接反映人民从事自身生产生活之外的社会公共活动参与意愿和动力，参与程度越高说明社会民主政治程度越强。第二，从治理高品质建设的过程来看，社会治理行政效能可以看作是治理高品质建设的过程，在社会公众参与治理的情况下，如何提高治理效能直接关系着治理高品质建设和人们对高品质生活的满意程度和参与意愿，因此提升社会治理行政效能对提高人们高品质生活感受具有正向促进作用。第三，从治理高品质建设的产出来看，社会治理的最终目的是服务于人民群众，提高人民群众的生活获得感、幸福感和安全感，所以科学衡量治理高品质建设水平需综合考虑社会治理的产出效果。基于此，本研究通过公众参与、行政效能和社会安全三个方面来综合衡量治理高品质建设水平。

①公众参与。公众参与是民主政治建设的动力，对民主政治的发展具有重要意义。本研究采用“民生重大决策听证率”“基层民主参选率”两项指标对公众参与效果进行衡量。

②行政效能。政府行政工作需要不断提高工作效率，提高

政府行政效能，进而切实提升群众对社会的满意度和社会管理的认同感、获得感。本研究分别从政府行政效能运行结果和运行效果的角度选取“基尼系数”和“营商环境指数”两项指标对治理高品质建设中的行政效能进行衡量。

③社会安全。社会安全是政府治理建设的重要成果表现，也是高品质生活建设的重要环境依赖。本研究通过选取“万人发案率”“每万人交通死亡人数”“亿元GDP生产安全事故死亡率”“食品案件查处数量”等指标来进行衡量。

(6)群众获得感

群众获得感是指个体获得某种利益后的满足程度。不同学者对获得感的定义有所差异，但核心内容基本一致。获得感包括两个方面的内容，一方面是经济社会改革发展取得的成果，另一方面是人民群众的感知。获得感的含金量主要体现于它将改革发展成果具体落实到每个人头上，集中体现了全面深化改革的人民性，并以经济收入、教育、公共管理、社会保障、生态环境等百姓最实际、最迫切、最想解决的问题为突破口，着重解决民生问题。[①]基于此，课题组提出将获得感界定为人民群众的经济收入获得感、公共管理获得感、精神文化获得感、社会保障获得感、美好环境获得感等5个维度。

①经济收入获得感。经济收入获得感与家庭当前实际收入情况和未来收入状况密切相关，其分别衡量家庭经济收入的当前获得感水平和未来持续性感受。本研究组以“群众对获得更高收入的评价”“群众对获得更稳定工作的评价”来对家庭经济收入获得感进行衡量。

①康来云.获得感：人民幸福的核心坐标[J].学习论坛，2016，32(12)：68-71.

②公共管理获得感。公共管理是人们对社会运行管理参与的主观能动和感知，是人们对生产生活所处环境的主观感受。本研究采用“群众对公共事务参与的评价”“群众对法治发展状况的评价”“群众对政府工作效率的评价”来对群众公共管理获得感进行测度。

③精神文化获得感。精神文化是人民群众基于物质生活与实践基础上所产生的人类所特有的意识形态，囊括人类社会生活的思想、道德、教育等精神方面的内容。本研究采用“群众对获得更好教育的评价”和“群众对获得丰富精神文化生活的评价”两个指标来对群众精神文化获得感进行衡量。

④社会保障获得感。社会保障获得感是人们对社会管理和社会运行的主观感知，一般包括社会保险、社会救助、社会优抚和社会福利等内容，其目的是满足公民基本生活水平的需要。课题组基于前期调研结果，从满足人民群众基本生活水平的角度出发，选取“群众对获得可靠社会保障的评价”“群众对获得更高水平卫生服务的评价”“群众对养老服务的评价”等3项指标对人民群众社会保障获得感进行测度。

⑤美好环境获得感。课题组所建立的美好环境获得感指标主要是指人们基于当前生活实际对更高品质生活的追求，如医疗卫生、居住条件、社会保障、交通出行与环境生态等方面。本研究从“群众对交通出行的评价”“群众对住房条件的评价”“群众对自然环境的评价”等方面对人们的美好环境获得感进行测度。

（7）群众幸福感

幸福是人类认识到自己的需要得到满足以及理想得到实现时产生的一种情绪状态，是由需要（包括动机、欲望、兴趣）、认知、情感等心理因素与外部诱因交互作用形成的一种复杂的、多层次的心理状态。[①②]民众幸福感的高低受到很多因素的影响，既与衣食住行、柴米油盐等有形的物质生活条件有关，也与身心健康、人际关系、未来成长等无形的内外条件有关。[③]课题组从有形和无形两个方面综合衡量群众的幸福感水平。

①物质生活。现实中，人民群众的幸福感最重要的一方面体现在人民群众在住房、收入、教育、医疗、养老等方面要有实实在在的幸福感，也是能够看得见摸得着的有形"幸福"。课题组提出从"群众对当前物质生活的评价""群众对未来物质生活的评价"两项指标来衡量人民群众的物质生活水平。

②身心健康。实际中，有形条件的改善，比如人均可支配收入等，未必促进幸福指数的提升，也有可能出现相背离的现象。这主要是因为除了那些有形的可直接反应群众幸福感的条件外，群众对自身心理的健康水平、对待公平公正的态度、对自由平等的认知、对圆梦出彩的追求等无形的"幸福"也有所期待。本研究选取"群众对自身身体健康的评价""群众对自身心理健康的评价"两个指标对群众身心健康水平进行衡量。

③抱负才能。根据马斯洛的需求层次理论，个体需求的最高等级是实现自我成就，自我成就的实现是满足幸福感的直接因素。本研究通过"群众对个人当前工作的评价""群众对个人未来前途的评价"两项指标对此进行衡量。

④人际关系。幸福感是一种个性化的主观体验，而这种体验往往是基于社会中存在的某种参照系。生活在一个封闭社会

①孟东方，易小光，李志，等.构建社会主义和谐社会指标体系研究论纲[J].改革，2006(11):99-105.

②孟东方.社会发展评估理论与实践[M].北京:人民出版社,2017.

③康来云.获得感:人民幸福的核心坐标[J].学习论坛,2016,32(12):68-71.

中的人，由于缺乏与他人的交往和联系，进而缺乏与其他人和社会比较的参照系，那么个人的幸福感便很难感知和衡量。所以，人际关系和谐与否会对个人幸福感的感知或衡量产生巨大影响。人际关系的存在可以是个人与群体之间的，也可以是个体与个体之间。本研究分别以“群众对个人人际关系的评价”和“群众对个人婚姻状况的评价”两项指标来对群众的人际关系情况进行表征。

（8）群众安全感

安全感指生活状态预期稳定、不被伤害能够得到保证的主观感受，属于个人内在的精神需求。影响群众安全感主观感受的因素非常多，如社会治安、犯罪、食品、交通、战争、传染病、人际关系、自然灾害等。课题组将影响群众安全感的因素分为生存安全、治安安全、环境安全三个类别。

①生存安全。生存安全是安全感的最低要求，是指人们的人身生命和人身财产安全不受到威胁。本研究采用“群众对个人人身安全的评价”和“群众对个人财产安全的评价”两个主观指标对其进行衡量。

②治安安全。社会治安是指社会的安定秩序。本研究中，社会治安安全的内涵主要是指社会公共安全、公共秩序、社会犯罪等外部安全环境对人民群众高品质生活幸福感、获得感产生影响的主观感受，并采用“群众对社会犯罪状况的评价”“群众对社会秩序状况的评价”两个主观指标对其进行衡量。

③环境安全。环境安全是指人民群众对所处生活、生产等环境领域安全的主观感受。过去主要面对的是天文、地质、气象水文、土壤生物等自然因素形成的灾害。当前，环境公害、交通安全、食品安全、生物安全等问题已经成为或正在成为人民群众

生产生活中面对的主要问题，这些安全问题对人民群众的威胁不亚于自然灾害。本研究采用“群众对交通安全状况的评价”“群众对生产安全状况的评价”和“群众对食品健康状况的评价”等主观感受来衡量环境安全水平。

另外，高品质生活指数主观评价指标主要是通过问卷调查进行获取，涉及群众的获得感、幸福感和安全感（表1-2），课题组将其评价维度转换成主观问卷，并在全市范围内开展调研。

表1-2　高品质生活指数主观指标评价内容和评价维度

高品质生活指数主观指标		主观指标评价内容	主观指标评价维度
1	群众对获得更高收入的评价	您当前的收入水平能否满足您的需要？	能够满足、较能满足、基本能满足、不能满足、完全不能满足
2	群众对获得更稳定工作的评价	您当前的工作状况能否满足您的需要？	能够满足、较能满足、基本能满足、不能满足、完全不能满足
3	群众对公共事务参与的评价	当前的公共事务参与情况能否满足您的需要？	能够满足、较能满足、基本能满足、不能满足、完全不能满足
4	群众对法治发展状况的评价	当前的法制建设状况能否满足您的需要？	能够满足、较能满足、基本能满足、不能满足、完全不能满足
5	群众对政府工作效率的评价	当前的政府工作效率能否满足您的需要？	能够满足、较能满足、基本能满足、不能满足、完全不能满足
6	群众对获得更好教育的评价	当前的教育状况能否满足您的需要？	能够满足、较能满足、基本能满足、不能满足、完全不能满足
7	群众对获得丰富精神文化生活的评价	当前的精神文化生活能否满足您的需要？	能够满足、较能满足、基本能满足、不能满足、完全不能满足
8	群众对获得可靠社会保障的评价	当前的社会保障状况能否满足您的需要？	能够满足、较能满足、基本能满足、不能满足、完全不能满足

续表

高品质生活指数主观指标		主观指标评价内容	主观指标评价维度
9	群众对获得更高水平卫生服务的评价	当前的卫生服务水平能否满足您的需要？	能够满足、较能满足、基本能满足、不能满足、完全不能满足
10	群众对养老服务的评价	当前的养老服务能否满足您的需要？	能够满足、较能满足、基本能满足、不能满足、完全不能满足
11	群众对交通出行的评价	当前的交通出行能否满足您的需要？	能够满足、较能满足、基本能满足、不能满足、完全不能满足
12	群众对住房条件的评价	当前的住房状况能否满足您的需要？	能够满足、较能满足、基本能满足、不能满足、完全不能满足
13	群众对自然环境的评价	当前的自然环境状况能否满足您的需要？	能够满足、较能满足、基本能满足、不能满足、完全不能满足
14	群众对当前物质生活的评价	当前的物质生活条件能否满足您的需要？	能够满足、较能满足、基本能满足、不能满足、完全不能满足
15	群众对未来物质生活的评价	您对未来获得更好的物质生活是否充满信心？	很有信心、较有信心、一般、没有信心、完全没有信心
16	群众对自身身体健康的评价	当前您的身体健康状态如何？	很好、比较好、一般、不太好、很不好
17	群众对自身心理健康的评价	当前您的心理健康状态如何？	很好、比较好、一般、不太好、很不好
18	群众对个人当前工作的评价	当前您工作时间与闲暇时间协调如何？	很好、比较好、一般、不太好、很不好
19	群众对个人未来前途的评价	您对未来个人发展是否充满信心？	很有信心、较有信心、一般、没信心、完全没信心
20	群众对个人人际关系的评价	当前您的人际关系如何？	很好、比较好、一般、不太好、很不好

续表

高品质生活指数主观指标		主观指标评价内容	主观指标评价维度
21	群众对个人婚姻状况的评价	当前您的婚姻状况如何?	很好、比较好、一般、不太好、很不好
22	群众对个人人身安全的评价	您觉得当前人身安全保障如何?	很好、比较好、一般、不太好、很不好
23	群众对个人财产安全的评价	您觉得当前财产安全保障如何?	很好、比较好、一般、不太好、很不好
24	群众对社会犯罪状况的评价	您觉得当前社会治安状况如何?	很好、比较好、一般、不太好、很不好
25	群众对社会秩序状况的评价	您觉得当前社会秩序状况如何?	很好、比较好、一般、不太好、很不好
26	群众对交通安全状况的评价	您觉得当前交通安全状况如何?	很好、比较好、一般、不太好、很不好
27	群众对生产安全状况的评价	您觉得当前生产安全状况如何?	很好、比较好、一般、不太好、很不好
28	群众对食品健康状况的评价	您觉得当前食品安全状况如何?	很好、比较好、一般、不太好、很不好

三、高品质生活指数的试验性应用

课题组在建立指标体系的基础上，结合专家赋权法，对高品质生活指数进行试验性应用，广泛搜集客观指标的基础数据。目前，客观指标最新的数据为2018年的数据，主观指标为2020年7–8月，通过调研获取，其结果如下。

(一)重庆高品质生活指数现状分析

鉴于全国各省(市)2019年公布的数据不全,课题组只能搜集2018年各项数据,并计算重庆市2018年高品质生活客观指标指数。同时,通过设计问卷开展2020年重庆市高品质生活主观指标调研,并计算出重庆市高品质生活指数及各细分指标的指数信息。我们立足于2018年的客观数据,以及2020年的主观调研数据,综合分析重庆高品质生活指数总体现状。经课题组测算,重庆市2018年的高品质生活客观指数为67.5,2020年主观指数为75.7。课题组预测了2020年重庆市高品质客观指数(详见第四部分)为68.9。根据专家对高品质生活客观指标赋的总权重为0.66,为高品质生活主观指标赋的总权重为0.34,进而测算出2020年重庆市高品质生活指数为71.7。

1.重庆市高品质生活客观指数现状

课题组依托2018年的客观数据,通过5个一级指标以及17个二级指标的指数,总体把握重庆市高品质生活客观指数现状(表1-3)。一是“经济高品质建设”指数为69.3,其中,“创新驱动”的指数最高,为87.8;“经济活力”的指数最低,为50.5;“经济发展”的指数居中,为67.8。二是“文化高品质建设”指数为76.2,其中,“文化投入”的指数最高,为79.0;“文化市场”的指数最低,为70.9;“文化参与”的指数居中,为75.0。三是“社会高品质建设”指数为63.1,其中,“医疗卫生”的指数最高,为65.6;“交通出行”的指数最低,为58.1;“教育事业”“社会保障”“居住条件”三项指标的指数居中,分为64.0、64.0和63.3。不难发现,除“交通出行”指标外,社会高品质建设指标中的二级指标总体相差不大。四是“生态高品质建设”指数为66.5,其中,“生态经济”的指数最高,为71.0;“自然资源”的指数最低,为62.8;“环境质量”的指数居中，为65.1。五是"治理高品质建设"指数为65.2，其中，"社会安全"的指数最高，为68.3；"行政效能"的指数最低，为62.2；"公众参与"的指数居中，为63.0。上述数据表明，重庆市创造高品质生活进程中，在经济活力、文化市场、交通出行、行政效能等方面存在一定的短板，需要进一步补齐。如重庆还需要进一步激发经济活力，加快构建现代文化市场和文化服务体系。

表1-3　2018年重庆市高品质生活客观指标指数

客观指标指数	一级指标	指数	二级指标	指数
67.5	经济高品质建设	69.3	经济发展	67.8
			创新驱动	87.8
			经济活力	50.5
	文化高品质建设	76.2	文化投入	79.0
			文化市场	70.9
			文化参与	75.0
	社会高品质建设	63.1	医疗卫生	65.6
			教育事业	64.0
			居住条件	63.3
			社会保障	64.0
			交通出行	58.1
	生态高品质建设	66.5	自然资源	62.8
			环境质量	65.1
			生态经济	71.0
	治理高品质建设	65.2	公众参与	63.0
			行政效能	62.2
			社会安全	68.3

2. 重庆市高品质生活主观指标指数现状

测算数据显示，2020年重庆市高品质生活主观指数为75.7，其中,“群众获得感”指数为72.5、“群众幸福感”指数为77.8、“群众安全感”指数为77.3。可以看出重庆的“群众安全感”指数相对较高,而涉及与群众生活密切的获得感指数,则相对较低。但从总体来看,“群众获得感”指数达到72.5,效果尚可,体现出重庆市委、市政府高度重视民生工作,不断满足人民对美好生活向往的需求。近两年,重庆着力抓好群众反映强烈的突出问题,大力推进小康路、普惠性学前教育等重点民生实事,重点解决了群众出行难、城乡低保差距大、看病贵看病难等问题,群众的获得感、幸福感、安全感不断提升。

课题组结合被调研的人群所处的经济区域、社会阶层等方面,重点从区域、性别、年龄、学历、收入、职业等六个结构维度,进行群众高品质生活主观指数的差异化分析。

(1)区域结构

从区域结构维度来看,不同区域人群的高品质生活指数存在一定差异,数据显示重庆全市的“三感”综合评价数值为75.7。其中,中心城区、主城新区分别为76.2、76.1;渝东北地区的“三感”综合评价最低,为74.9。渝东南地区次之,为75.5(表1-4)。上述数据表明,中心城区和主城新区市民的获得感、幸福感、安全感总体要高于渝东北地区、渝东南地区,其原因如下。

一是,从经济维度,主城都市区作为重庆市最核心的政治、经济、文化的发展圈层,承载着集聚科技创新、先进产业、现代服务等主轴功能,经济实力雄厚,活力十足。而渝东北地区、渝东南地区则受自然因素影响,土地相对碎片化,人多地少,且生产能力相对不足,加之农村产业结构相对单一,产业融合、科技投入、人才支撑还远远不足,生态优势尚未实现向经济优势的转化。二是,从生态维度,渝东北、渝东南地处自然灾害易发多发区域，在很大程度上影响区域的社会经济发展。比如，自然灾害点的密度相对较大，极大地提高了该区域的生态管护治理成本，严重制约各项基础设施的建设。三是，从心理维度，处于主城都市区的市民心理优势更大，特别是在“获得感”方面，尤为突出。正如课题组在问卷调研中发现，不少受访者认为主城都市区占据天然优势，辖区内的居民群众在教育、就业、医疗、养老等方面，机会更多，保障更足。

表1-4 重庆市高品质生活指标体系主观指标分区域指数情况

指标	重庆市	区域			
		主城都市区		渝东北地区	渝东南地区
		中心城区	主城新区		
“三感”综合评价	75.7	76.2	76.1	74.9	75.5
群众获得感	72.5	73.6	73.0	71.0	71.8
群众幸福感	77.8	77.4	77.9	77.5	78.1
群众安全感	77.3	77.4	77.6	76.7	77.2
经济收入获得感	65.2	67.4	66.4	62.5	63.3
公共管理获得感	73.7	74.4	74.3	72.8	72.3
精神文化获得感	74.5	75.7	74.8	73.0	75.1
社会保障获得感	73.0	73.7	73.4	71.6	73.2
美好环境获得感	75.1	76.2	75.4	74.1	74.4
物质生活	76.6	77.1	76.7	76.0	77.3
身心健康	81.1	81.2	81.2	80.4	82.0
抱负才能	74.4	73.8	74.6	74.5	74.3
人际关系	79.2	79.3	79.5	79.1	78.9
生存安全	80.9	80.6	81.4	80.7	80.2
治安安全	80.3	80.3	80.7	79.9	79.9
环境安全	74.5	75.1	74.6	73.5	75.0

(2)性别结构

从性别结构维度来看,不同性别人群的高品质生活指数存在一定差异,数据显示男性的“三感”综合评价指数为76.6,高于女性的74.8(表1-5)。从各一级、二级指标计算结果来看,男性所得数值均高于女性。数据表明,男性的获得感、幸福感、安全感普遍高于女性,其原因如下。

一是,从性格特征来说,男性偏于理性,女性偏于感性,面对压力、困难等,男性的承受力强于女性。如关于个人访谈中的“结合您未来发展,您最迫切的需求是什么?”问题,课题组在调研中发现,受访中的男性更多关注职业、收入等问题,女性则多数关注子女教育、感情等问题。再比如,关于如何理解高品质生活,有女性受访者认为,有一份爱情,有一份工作,有健康身体即为高品质生活。二是,在职场竞争、发展前景中,男性拥有相对优势。如“经济收入获得感”“人际关系”等指标的指数,男性明显优于女性,充分说明男性普遍都能在工作中获得较好的人际交往能力,更加善于处理人际关系,同时也能够获得较好的经济收入,并在工作中能够施展抱负才能。三是,家庭中,育儿、家庭劳务等任务在很大程度上牵扯女性精力,导致女性总体的获得感、幸福感、安全感相对较弱。

表1-5　重庆市高品质生活指标体系主观指标分性别指数情况

指标	性别	
	男性	女性
“三感”综合评价	76.6	74.8
群众获得感	73.1	71.8
群众幸福感	78.8	76.8
群众安全感	78.4	76.1
经济收入获得感	66.7	63.6

续表

指标	性别	
	男性	女性
公共管理获得感	74.2	73.2
精神文化获得感	74.7	74.3
社会保障获得感	73.6	72.3
美好环境获得感	75.6	74.6
物质生活	77.4	75.8
身心健康	81.6	80.6
抱负才能	75.8	72.9
人际关系	80.4	78.1
生存安全	82.3	79.5
治安安全	81.4	79.1
环境安全	75.3	73.5

(3)年龄结构

从年龄结构维度来看，不同年龄市民的高品质生活指数存在一定差异，数据显示：18岁以下未成年人的"三感"综合评价指数最高，为79.6；紧随其后的是36–45岁、18–35岁、46–60岁，指数分别为76.5、76.0、74.1；60岁以上老年人的"三感"综合评价指数最低，为72.2(表1–6)。从一级指标来看，"获得感"指数由高到低排列次序为18岁以下、36–45岁、18–35岁、46–60岁、60岁以上；"幸福感"指数由高到低排列次序为18岁以下、18–35岁和36–45岁、46–60岁、60岁以上；"安全感"指数由高到低排列次序为18岁以下、36–45岁、18–35岁、46–60岁、60岁以上。从二级指标来看，指数呈现较为复杂，如36–45岁的"抱负才能"指数最高，体现了这一年龄段的成熟与稳重。再者，"身心健康"指数排列次序为18岁以下、18–35岁、36–45岁、46–60岁、60岁以上，体现了人的身心健康与年龄呈正相关关系。此外，46–60岁人群的“人际关系”指标指数较低，仅为78.2，值得人们深入思考并广泛关注。上述数据表明，18岁以下、36–45岁人群的获得感、幸福感、安全感较高，60岁以上的老年人的获得感、幸福感、安全感略低，其原因如下。

一是，18岁以下人群暂且没有工作、晋升、赡养等各方面的压力，一心学习，满腔抱负，绝大多数指标指数较高。在课题组组织的个人访谈中，有在校学生认为家庭矛盾普遍存在，解决策略有赖于自己主动，还需要其他部门的介入，进行疏导与调节。从侧面反映出，当前这一群体多数为独生子女家庭，自我意识较强。加之移动终端的广泛普及，导致虚拟社交成为日常交际的重要方式，一定程度上挤压了面对面交往的空间与时间。二是，36–45岁人群经过了较长时间的工作实践经验积累，在展现才能的同时仍然心怀理想。此外，这一年龄段人群的父母多数尚能自食其力，需要照顾的时间相对较少，促使他们在实践锻炼、事业发展方面拥有更为广阔的施展空间。如在课题组组织的个人访谈中，有人认为，自己父母有稳定的工作，孩子学习勤奋，家人身体健康，对未来、事业充满希望与信心。三是，18–35岁人群尚处于事业的起步阶段，有更多的人生憧憬，奋斗动力十足，但在能力、素养等各方面还处于上升时期，生存与发展的压力较大。在课题组组织的个人访谈中，处于这一年龄段的受访者多数表示，希望政府扩大就业，增加就业机会，以及提高最低工资标准等。四是，46–60岁人群处于事业的后半程，多数人要么事业有成，要么事业平平。这一年龄阶段，多数人思维局限于传统经验，创新动力不足。尤为重要的是，这一时期，多数人的子女已开始成家立业，其父母日渐年迈，需要两头照应，各方面压力较大。五是,60 岁以上人群逐步脱离工作环境,接触工作、外界的机会逐年降低,导致多数退休群体更多沉浸于对往事的回忆中,失落感严重。此外,退休群体的子女多数处于事业拼搏阶段,儿孙陪伴时间较少,在很大程度上增加了他们的孤独感。在课题组组织的个人访谈中,不少人认为老年人的医疗、活动等需求应被重点关注,比如就近就医、社区家庭医生、健康法律宣传等。

表 1-6　重庆市高品质生活指标体系主观指标不同年龄指数情况

指标	年龄				
	18 岁以下	18-35 岁	36-45 岁	46-60 岁	60 岁以上
“三感”综合评价	79.6	76.0	76.5	74.1	72.2
群众获得感	77.9	72.3	73.3	71.4	71.2
群众幸福感	79.5	78.7	78.7	75.6	70.8
群众安全感	79.5	77.7	78.0	75.6	74.3
经济收入获得感	68.1	64.0	67.3	65.2	66.0
公共管理获得感	79.2	73.4	74.5	73.0	72.1
精神文化获得感	80.3	74.6	74.7	74.0	71.3
社会保障获得感	80.9	73.8	72.8	70.1	71.2
美好环境获得感	79.9	74.7	76.2	74.1	74.5
物质生活	81.7	76.9	76.9	75.2	74.8
身心健康	84.9	83.3	80.6	77.3	71.4
抱负才能	76.3	75.6	76.9	71.9	58.0
人际关系	81.5	79.2	80.2	78.2	78.7
生存安全	82.7	80.8	82.5	79.9	78.1
治安安全	81.0	80.2	81.4	79.8	78.0
环境安全	78.3	75.7	74.3	71.4	70.7

(4)学历结构

从学历结构维度来看,不同文化程度市民的高品质生活指数存在一定差异。数据显示：初中及以下学历的“三感”综合评价指数最低，为72.8；研究生学历的“三感”综合评价指数最高，为79.7；本科、专科学历的“三感”综合评价略高于高中、中专学历（表1-7）。从一级指标来看，初中及以下学历的获得感、幸福感、安全感指数最低，分别为69.6、73.8、75.5；研究生学历则最高，分别为77.5、82.3、79.4。高中、中专与本科、专科学历的获得感指数持平，均为73.0；高中、中专学历的幸福感指数为78.2，高于本科、专科的77.7；高中、中专学历的安全感指数为77.6，略低于本科、专科的77.7。从二级指标来看，12个二级指标中，初中及以下学历的指数均为最低，研究生学历则均为最高；高中、中专学历的“经济收入获得感”“公共管理获得感”“精神文化获得感”“生存安全”“治安安全”“环境安全”6项指标指数高于本科、专科学历，其余6项则低于本科、专科学历。上述数据表明，学历水平与获得感、幸福感、安全感相关度很高，但学历水平与“三感”综合体验并非完全呈现正相关关系，其原因如下。

一是，初中及以下学历人群总体来说，综合素养与专业技能较低，多数是从事体力、服务相关工作的社会底层劳动者，收入相对较低，“三感”综合体验较差。在课题组组织的个人访谈中，有人认为自己文化程度低，所从事的工作基本上是体力劳动，对生活上更多的是关心物质、医疗等基本需求。二是，高中、中专学历人群有一定的综合素养，掌握了一定的专业技能，不少人属于蓝领，在行业内有一定地位。三是，本科、专科学历人群是曾经的天之骄子，然而随着社会发展，这一人群在就业、工作中普遍存在“高不成、低不就”的现象。对比研究生群体，各方面素养与能力还相距甚远；对比高中、中专群体，则还难以放下身段。由此而导致本科、专科人群往往徘徊于“丰满的理想”与“骨感的现实”之间,“三感”综合体验相对较低。

表1-7　重庆市高品质生活指标体系主观指标不同文化程度指数情况

指标	文化程度			
	初中及以下	高中、中专	本科、专科	研究生
“三感”综合评价	72.8	76.2	76.4	79.7
群众获得感	69.6	73.0	73.0	77.5
群众幸福感	73.8	78.2	77.7	82.3
群众安全感	75.5	77.6	77.7	79.4
经济收入获得感	60.2	66.1	65.7	77.8
公共管理获得感	71.0	74.4	74.0	78.6
精神文化获得感	72.5	75.2	74.8	77.9
社会保障获得感	70.0	73.0	73.9	76.5
美好环境获得感	73.3	75.5	75.6	76.7
物质生活	73.3	76.7	77.7	80.6
身心健康	76.8	81.6	82.5	84.2
抱负才能	68.7	75.2	75.8	82.1
人际关系	76.8	79.5	79.9	82.5
生存安全	79.2	81.9	81.0	82.2
治安安全	79.4	80.5	80.4	82.3
环境安全	71.9	74.5	75.3	77.4

(5)收入结构

从收入结构维度来看,家庭人均月收入不同市民的高品质生活指数存在一定差异。数据显示:家庭人均月收入1000元以下的“三感”综合评价指数最低,为68.5;家庭人均月收入10000元以上的“三感”综合评价指数最高,为79.5(表1-8)。不仅如此,各一级、二级指标数据也同样呈现出:家庭人均月收入越高,“三感”综合评价指数越高。数据表明,收入水平与获得感、幸福感、安全感呈正相关，收入越高的家庭获得感、幸福感、安全感越强，其原因如下。

一是，经济基础是人生存与发展的最基本的物质前提。二是，家庭人均月收入越高，人均可支配收入则越高，相应的对文化教育、健康安全、旅游娱乐等方面的投入就更多，人的获得感、幸福感、安全感也因此持续增强。三是，家庭人均月收入越高，抗风险能力越强，安全感就更高。在课题组组织的个人访谈中，家庭人均月收入相对较高的受访者认为，旅游、文化、休闲等精神方面的需求必不可少；而家庭人均月收入相对较低的受访者则表示，更在意住房、教育、医疗等方面的需求。

表 1-8　重庆市不同家庭人均月收入市民的高品质生活各级主观指标指数情况

指标	收入				
	1000元以下	1000-3000元	3000-5000元	5000-10000元	10000元以上
“三感”综合评价	68.5	72.6	75.9	78.2	79.5
群众获得感	63.6	69.1	72.6	75.6	76.6
群众幸福感	71.3	71.7	78.0	80.2	82.8
群众安全感	71.8	75.3	77.7	78.9	79.3
经济收入获得感	50.2	57.8	64.9	71.3	75.2
公共管理获得感	64.3	70.4	74.1	76.7	76.9
精神文化获得感	68.3	72.6	74.9	76.3	76.6
社会保障获得感	66.4	70.5	73.1	75.4	75.6
美好环境获得感	67.6	72.7	75.2	77.5	78.6
物质生活	69.0	73.3	76.3	79.7	82.2
身心健康	75.1	77.5	81.6	83.1	84.9
抱负才能	66.0	69.4	75.0	77.3	79.7
人际关系	75.1	76.0	79.1	80.9	84.6
生存安全	73.7	78.3	81.2	82.7	84.9
治安安全	74.9	78.7	80.8	81.6	81.6
环境安全	69.9	72.5	74.8	76.1	75.7

(6)职业结构

从职业结构维度来看,从事不同职业市民的高品质生活指数存在一定的差异。数据显示,公务员在所有职业中的“三感”综合评价指数最高,为83.8。公务员无论是一级指标,还是二级指标,计算数值均超过80.0,遥遥领先于其他职业。紧随其后的则是事业单位人员、国有企业员工(表1-9)。个体户的“三感”综合评价十分接近国有企业员工,两者数值相差仅为0.4。而农民的“三感”综合评价指数最低,为70.2,其中,经济收入获得感较低,测算数值仅为54.9,是所有指标中计算数值最低的。城市农民工的“三感”综合评价指数排名倒数第二,为73.1,高出农民2.9。有必要指出的是,在校学生的“三感”综合评价指数为76.2,处于中等偏下。数据表明,公务员的“三感”综合评价最高,事业单位人员、国有企业员工次之,农民的“三感”综合评价最低,城市农民工较弱,其原因如下。

一是,公务员、事业单位人员、国有企业员工在国家治理、服务、建设中充分展示才能、体现价值,社会地位较高,整体收入、福利和社会保障较好,工作较为稳定,人脉资源较广,发展前景较好,“三感”综合评价相对较强。在课题组组织的个人访谈中,受访的公务员、事业单位人员、国有企业员工等,普遍对工作、生活现状感到满意,以及对未来充满憧憬。二是,农民较大程度依存于土地,总体收益较低,增收渠道较少。加之当前农业处于传统转向现代的过渡期,各项惠农政策红利尚未完全释放,这在一定程度上也影响了农民的获得感、幸福感、安全感。针对城市农民工,重庆连年出台一系列的优惠、保障政策,加强和保障农民工利益,引导其就业创业。目前,重庆城市农民工基本剥离了对土地的依赖。在课题组组织的个人访谈中,仍有不少农民工表示,工资拖欠现象在不同程度上仍然存在,期望政府加大监管力度。此外，在技能培训、子女教育等方面提出诉求。三是，重庆着力推动市场经济体制改革，全力打破各类限制，降低或取消准入门槛，不断优化营商环境，极大地激活个体私营主体，促进个体私营经济高质量发展。四是，在校学生的“人际关系”指标指数较低，在很大程度上受智能终端的广泛应用与普及的影响，虚拟人际交往频率较高，进一步疏远了现实中的人际交往与沟通。

表1-9 重庆市高品质生活指标体系主观指标不同职业指数情况

指标	职业								
	公务员	事业单位人员	国有企业员工	非国有企业员工	个体户	农民	城市农民工	在校学生	其他
“三感”综合评价	83.8	77.9	77.2	74.9	76.8	70.2	73.1	76.2	74.2
群众获得感	82.5	75.4	74.8	71.5	73.9	66.3	68.6	72.8	70.3
群众幸福感	85.3	80.2	78.0	77.5	79.2	71.3	76.1	78.3	76.0
群众安全感	83.3	78.4	78.0	76.2	77.7	73.6	75.7	78.0	76.6
经济收入获得感	80.8	72.5	71.1	65.8	68.8	54.9	59.6	61.9	60.5
公共管理获得感	84.4	77.0	76.4	73.3	74.7	66.9	70.4	73.3	71.8
精神文化获得感	81.4	76.0	76.1	72.6	75.5	70.0	72.4	75.9	73.0
社会保障获得感	82.2	74.2	74.1	72.2	72.7	67.9	68.8	75.6	71.2
美好环境获得感	83.3	76.7	75.8	73.0	77.1	70.7	70.9	76.2	73.9
物质生活	85.9	79.4	77.5	74.8	77.5	71.0	72.9	78.2	74.7
身心健康	87.6	81.5	80.8	80.4	81.8	74.0	79.5	83.4	80.8
抱负才能	82.3	77.9	77.2	77.1	77.1	66.1	74.8	73.1	69.9
人际关系	85.3	82.0	80.4	80.6	75.4	74.4	77.3	78.7	78.8
生存安全	86.5	83.5	82.1	79.9	82.0	76.2	79.5	80.1	80.5
治安安全	85.3	81.7	81.1	78.9	80.3	77.1	80.9	80.3	79.8
环境安全	81.6	74.4	74.9	73.5	74.7	71.0	71.1	76.8	73.5

(二)重庆高品质生活指数的纵横比较

通过对重庆市及其他地区高品质生活指数的测算和分析比较发现,重庆市高品质生活指标值相对较高,位于全国第九位,处于中等偏上水平。本研究中课题组从纵向和横向两个维度把握重庆高品质生活指数的总体发展趋势。总体说来,2003年以来重庆市各个板块、各个领域、各项指标持续健康发展的势头良好,但在发展过程中,无论是从增长的幅度上,还是增长的速度上,或是增长的稳定性方面,仍表现出一定的差异性。

1.重庆市高品质生活指数纵向比较

重庆市高品质生活指数在不断上升。课题组只搜集到高品质客观指标的纵向数据,所以高品质生活指数纵向比较仅限于客观指标的比较。通过数据分析,从2003年到2018年,重庆市高品质生活指数以及各个维度的指数总体上保持上升的趋势。2003年的高品质生活指数为43.7,2018年的高品质生活指数为67.5,从2003年到2018年,重庆市高品质生活指数提高了54.5%,总体呈现良好增长态势。具体指标见图1-3。

一是,"经济高品质建设"指标值增长势头较好。从2003年的45.2上升至2018年的69.3,16年间年均指数增长1.5。二是,"文化高品质建设"指标值总体浮动较大。从2003年的48.8上升至2018年的76.2,16年间年均指数增长1.7。其中,2012–2014年连续三年呈现回落,直到2017年,依然尚未回归到2011年的指数水平。数据显示,所有客观指标维度的指数基本围绕高品质生活指数曲线上下波动,其中以"文化高品质建设"波动幅度尤显复杂。三是,"社会高品质建设"指标指数增速平缓,增幅较小。从2003年的43.7上升到2018年的63.1，16年间年均指数增长1.2，其中，2013–2018年年均增幅尤为低缓，约为0.8。四是，“生态高品质建设”指标值增速明显，增幅较大。从2003年的36.9上升至2018年的66.5，16年间年均指数增长约1.9。对比发现，“生态高品质建设”指标年均增幅为所有指标中最高。五是，“治理高品质建设”指标值增速较为平稳。从2003年的44.5上升至2018年的63.2，16年间年均指数增长约1.2。对比发现，“治理高品质建设”和“社会高品质建设”两项指标年均增幅为所有指标中最低。但相比于“社会高品质建设”，“治理高品质建设”指标的总体增幅未曾出现较大波动，稳中有进。

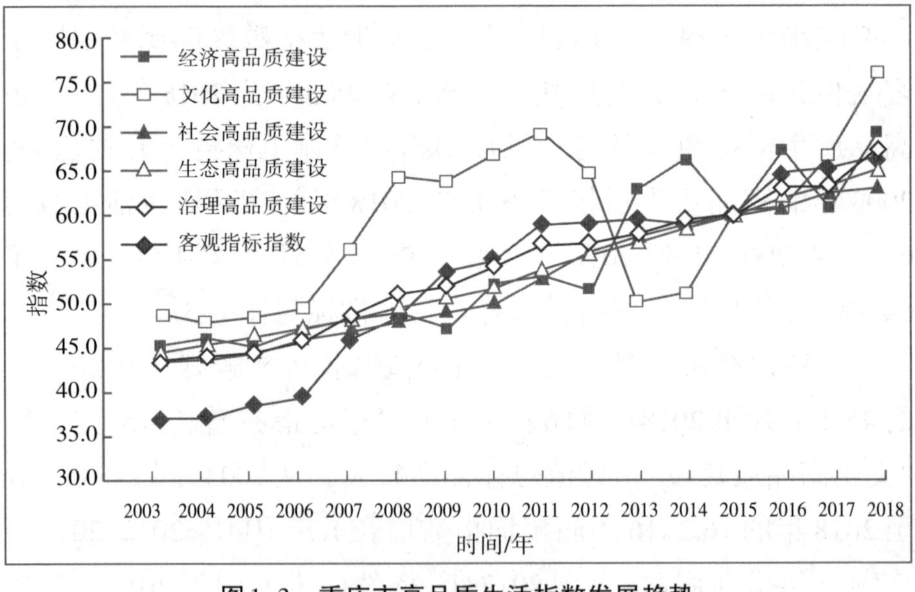

图1–3　重庆市高品质生活指数发展趋势

重庆高品质生活指数分阶段情况数据显示，以2003年为起点，每5年一个阶段，重庆高品质生活指数都在发生着变化。由表1–10可以发现，各个阶段重庆高品质生活指数提高的幅度差异不大。2003–2008年重庆高品质生活指数提高了7.4，2008年到2013年重庆高品质生活指数提高了6.8，2013–2018年重庆高品质生活指数提高了9.6。表明重庆市高品质生活指数提高速度越来越快。

表1–10　重庆高品质生活指数分阶段情况

时间/年	指标					
	高品质生活客观指数	经济高品质建设	文化高品质建设	社会高品质建设	生态高品质建设	治理高品质建设
2003	43.7	45.2	48.8	43.7	36.9	44.5
2008	51.1	49.0	64.4	48.2	48.6	49.5
2013	57.9	62.9	50.1	57.6	59.6	57.1
2018	67.5	69.3	76.2	63.1	66.5	65.2

2. 重庆市高品质生活指数横向比较

2018年，重庆市高品质生活指数在我国大陆31个地区中处于中上水平。由于课题组只搜集了重庆市高品质生活的客观指标数据，所以高品质生活横向比较仅仅体现客观指标计算的指数。重庆市高品质生活指数在31个地区中排第10位。其中，"经济高品质建设"指数排第7位、"文化高品质建设"指数排第16位、"社会高品质建设"指数排第17位、"生态高品质建设"指数排第5位、"治理高品质建设"指数排第8位。可以看出，"社会高品质建设"和"文化高品质建设"是重庆高品质生活的短板。

高品质生活指数与地区人均GDP存在正向关系。数据显示，2018年，31个地区的人均GDP和高品质生活指数存在正相关关系，两者大致呈线性相关关系（图1–4）。地区人均GDP是高品质生活的客观物质基层，其与高品质生活指数呈正向的线性关系，表明课题组构造的高品质生活指数能够较为准确地反映高品质生活，但又不是简单等同于地区人均GDP。

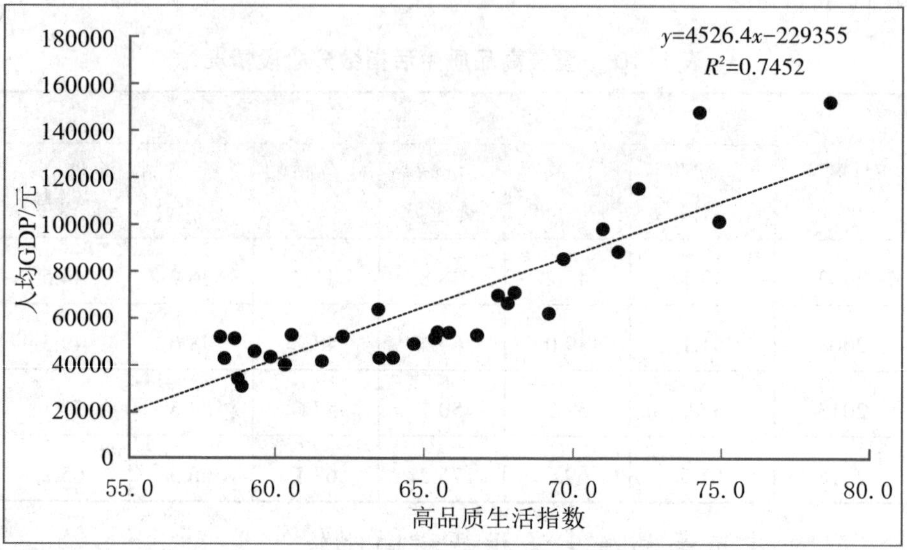

图1-4　高品质生活指数与人均GDP的关系

(1)直辖市比较

如图1-5所示，通过对4个直辖市2018年的高品质生活指数进行比较发现，重庆市高品质生活指数在4个直辖市中排名第4，与北京市、上海市差距较大，略低于天津市。2018年，4个直辖市高品质生活指数由高到低的顺序为北京市、上海市、天津市、重庆市。相比于其他3个直辖市，重庆市创造高品质生活的综合水平还相对落后，指数排名较为靠后。重庆市需对标北京市、上海市、天津市高品质生活建设，加快自身的高品质生活建设步伐。具体指标情况详见表1-11。

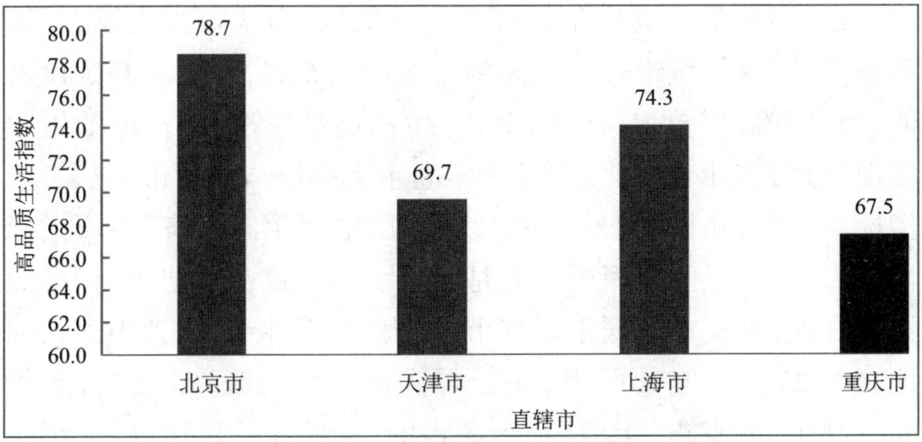

图1-5 2018年4个直辖市高品质生活指数比较

一是,对比“经济高品质建设”指标的指数发现,重庆市远低于北京市、上海市、天津市。其中,北京市、上海市、天津市的“经济高品质建设”3项二级指标均高于重庆市,特别是北京市与上海市的优势尤为突出。重庆市在“创新驱动”指标上接近天津市,而“经济活力”指标则远低于天津市。究其原因,在于天津市作为京津冀城市群中心城市,区位优势十分明显。近年来,北京市坚定有序疏解非首都功能,一定程度上激发了天津市的经济活力。二是,对比“文化高品质建设”指标的指数发现,重庆市远低于北京市、上海市、天津市。从二级指标看,重庆市的“文化投入”“文化市场”还存在一定的不足,需要进一步完善与提升。“文化参与”则表现较好,高于同为直辖市的天津市。三是,对比“社会高品质建设”指标的指数发现,重庆市低于北京市,略高于上海市、天津市。从二级指标看,重庆市的“医疗卫生”“社会保障”“居住条件”等指标均处于全国前十名,处于总体靠前水平。“教育事业”指标则在全国排名第17,处于中等偏下水平。其中,“交通领域”指标排名全国倒数第3,成为重庆市“社会高品质建设”指标最为突出的短板。究其原因，重庆市为山城，受地形条件的限制，城市布局呈多中心组团式布局，交通等基础设施建设方面难度较大。四是，对比“生态高品质建设”指标的指数发现，重庆市几乎与北京市持平，高于上海市与天津市。从二级指标看，重庆市的“自然资源”“环境质量”“生态经济”各项指标均较为均衡，无明显短板。五是，对比“治理高品质建设”指标的指数发现，重庆市远低于北京市、上海市、天津市，位列中国大陆地区第23位。究其原因，在于重庆市直辖较晚，基础差，起步晚。其中，北京市、上海市、天津市的“治理高品质建设”二级指标中的“行政效能”尤显突出，测算指数全部超过70.0，占据第一梯队，重庆市则为62.2。有必要说明的是，无论是作为一级指标的“治理高品质建设”，还是作为二级指标的“行政效能”，重庆市均高居西部其他省（市），居于首位。西部地区的“行政效能”相对于北京市、上海市、天津市、广东省等发达省（市）还存在巨大的差距，但作为直辖市的重庆，在西部地区具有先天的体制优势。

表1-11　直辖市高品质生活客观指数及各一级指标比较

直辖市	指标					
	高品质生活指数	经济高品质建设	文化高品质建设	社会高品质建设	生态高品质建设	治理高品质建设
北京市	78.7	86.1	92.3	72.0	66.6	80.3
天津市	69.7	80.5	72.4	59.0	63.3	76.7
上海市	74.3	86.4	91.3	58.3	62.2	81.5
重庆市	67.5	69.3	76.2	63.1	66.5	65.2

测算数据显示，重庆市高品质生活指数在4个直辖市中处于末端，但是重庆市“社会高品质建设”“生态高品质建设”两项

指数均位列第2(表1-11)。重庆市与其他3个直辖市差距较大的地方主要在“经济高品质建设”和“文化高品质建设”等指标方面。因此,全力提高经济、文化的高品质建设,进而促进重庆“硬实力”总体“过硬”,增强“软实力”,是重庆市在创造高品质生活方面追赶其他3个直辖市需要努力的重要方向。

(2)西部地区比较

重庆市高品质生活指数在西部位列前茅。据2018年西部12个地区高品质生活指数显示(图1-6),重庆市高品质生活指数在西部12个地区中位列第2,仅低于陕西省。数据还反映出,陕西省、重庆市、四川省的高品质生活指数在西部地区处于第一方阵,优势十分明显,其余省份还存在较大差距。因此,重庆市还需继续努力创造高品质生活,一方面,保持西部地区高品质生活指数位列前茅,另一方面,全力赶超陕西省。

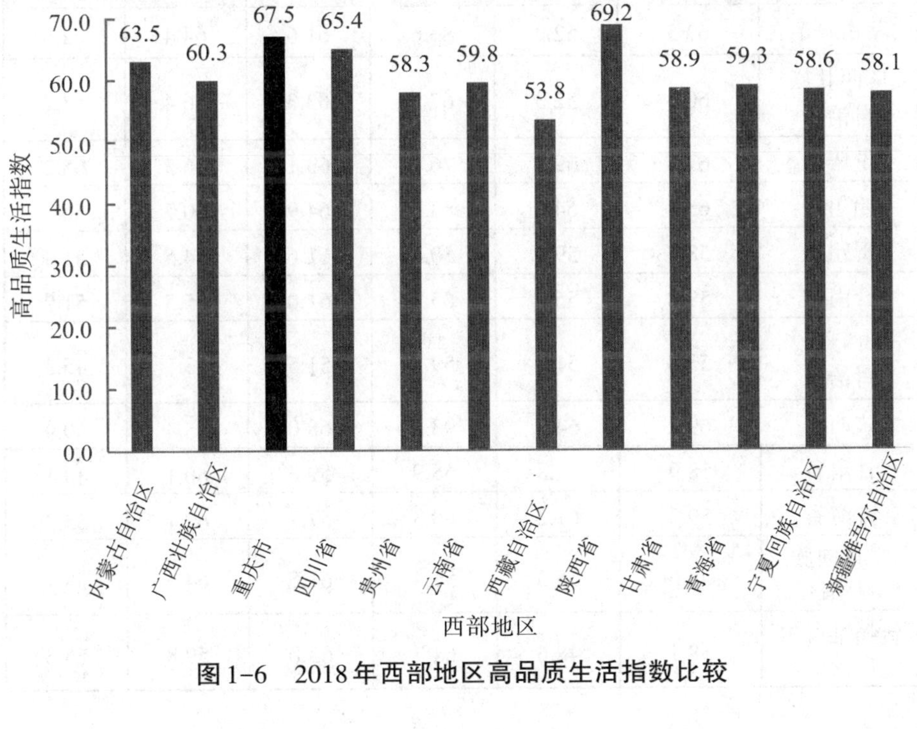

图1-6　2018年西部地区高品质生活指数比较

西部地区高品质生活指数及维度比较数据信息显示(表1-12),2018年西部12个地区高品质生活指数及各个维度指数的区别明显。从经济、文化、社会、生态、治理5个维度指数来看,重庆市在西部地区的排名总体比较靠前,其中,“经济高品质建设”“生态高品质建设”“治理高品质建设”3项指数在西部12个地区中均排名第一。与西部其他11个地区比较,重庆市高品质生活也存在一些短板。如“社会高品质建设”“文化高品质建设”两项指数均居于第4位,特别是“文化高品质建设”指数为76.2,与陕西省(93.3)相距甚远,同四川省(83.5)、内蒙古自治区(83.6)还存有不小的差距,与“经济高品质建设”指数不匹配。

表1-12　西部地区高品质生活指数及维度比较

地区	指标					
	高品质生活客观指数	经济高品质建设	文化高品质建设	社会高品质建设	生态高品质建设	治理高品质建设
内蒙古自治区	63.5	52.2	83.6	61.6	64.4	62.5
广西壮族自治区	60.3	52.3	67.5	63.3	66.4	53.2
重庆市	67.5	69.3	76.2	63.1	66.5	65.2
四川省	65.4	64.2	83.5	64.9	60.7	56.3
贵州省	58.3	59.4	50.6	61.6	64.5	51.4
云南省	59.8	55.7	65.7	61.0	65.5	51.9
西藏自治区	53.8	51.7	59.1	51.5	63.1	45.3
陕西省	69.2	64.4	93.3	68.0	65.4	59.9
甘肃省	58.9	57.8	68.9	59.3	60.1	49.1
青海省	59.3	61.2	60.3	57.7	62.1	55.3
宁夏回族自治区	58.6	55.3	51.4	61.5	64.3	58.7
新疆维吾尔自治区	58.1	48.6	64.7	63.0	59.8	55.3

（三）重庆市创造高品质生活的优势和经验

自从习近平总书记对重庆提出："推动高质量发展、创造高品质生活"的建设任务以来，重庆市委、市政府高度重视，带领全市人民开拓进取、不断创新，将习近平总书记的殷殷嘱托落实在重庆大地上，基于重庆的资源优势，走出了一条高品质生活发展之路。目前来看，重庆市高品质生活的发展状况良好，在经济、文化、社会、生态、治理方面呈现出向好向上的发展态势。

1. 重庆市创造高品质生活的优势

从测算结果看，以2018年数据为例，重庆市高品质生活各项指标总体处于中等偏上。这意味着现阶段重庆市高品质生活的发展不平衡问题仍然较为突出，较大地影响了总体发展指数水平。目前，重庆市仅有"生态高品质建设""经济高品质建设""治理高品质建设"3项一级指标排名较为靠前，集中在5-8名之间。其余2项一级指标则处于全国第16、17位。这充分说明，重庆市高品质生活的优势体现在更为细分的指标上。课题组从主要指标、发展理念、发展动能和建设质量四个方面分析了重庆市高品质生活的优势，具体如下。

（1）从主要指标看，"稳"的态势在持续

从纵向维度测算2003-2018年重庆市高品质生活指标体系的客观指标，5个一级指标、17个二级指标以及50个三级指标中，除"文化高品质建设"指标波动幅度较大外，其余指标均保持着较为持续健康的稳定发展态势。以2018年数据为例，重庆市高品质生活的绝大多数指标在全国处于中等偏上。即便是唯一回落幅度较大的"文化高品质建设"指标，在2018年也实现了强势逆转，当年度指数增长高达9.7。从根本上看，这主要得益于新一届市委、市政府始终保持着坚定的战略定力，保持重大方针政策的稳定性，更加注重创新驱动，更加注重高质量发展，从而保持重庆市高品质生态各项主要指标平稳有序地发展。

（2）从发展理念看，“实”的导向在形成

从测算结果看，近年来重庆市高品质生活建设进程中部分指标呈现出总体放缓，或是波动，或是回落。如2016-2018年，“经济高品质建设”指标的指数分别为67.4、60.8和69.3，“经济活力”指标的指数连续三年下降，分别是56.7、54.6和50.5，其最为关键的原因在于重庆市委、市政府“壮士扼腕式”地挤水分，进一步淡化GDP增速目标，逐步甩掉“GDP增速包袱”。重庆市委市、政府改变过去单纯地追求经济增长和总量目标的方式，更加注重高质量发展，凸显的是理性和务实。

（3）从发展动能看，“新”的动能在成长

从测算结果看，“创新驱动”指标的指数较为亮眼。从纵向看，从2003年的52.6上升至2018年的87.8，16年间年均指数增长2.2，特别是2017-2018年，增长25.7，增幅十分突出（图1-7）。从横向看，重庆市“创新驱动”指标在西部地区位列第2，仅低于四川省（图1-8）。近年来，重庆市在培育发展新动能方面颇有建树。如2019年，重庆市加快建设内陆开放高地。重点落实国家西部陆海新通道总体规划，推动形成“13+1”合作共建机制，其中，“13”指代重庆、四川、陕西等西部12个省（区、市）和海南，“1”则为广东湛江。突出抓好大数据智能化发展，重点发展大数据、人工智能、集成电路、智能超算、软件服务、物联网、汽车电子、智能机器人、智能硬件、智能网联汽车、智能制造装备和数字内容等12个重点产业，推动重点领域的智能化应用。2019年，重庆获批建设国家数字经济创新发展试验区，数字经济增加值增长15%。

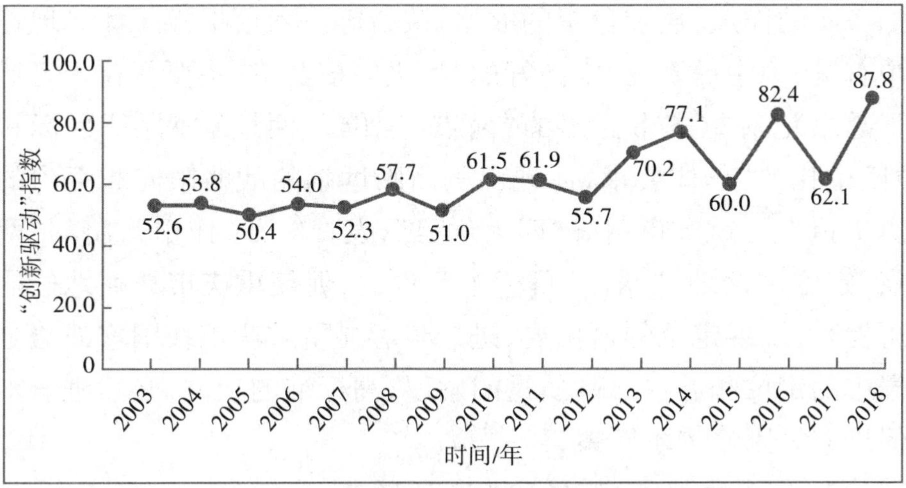

图1–7　重庆市“创新驱动”指数发展趋势

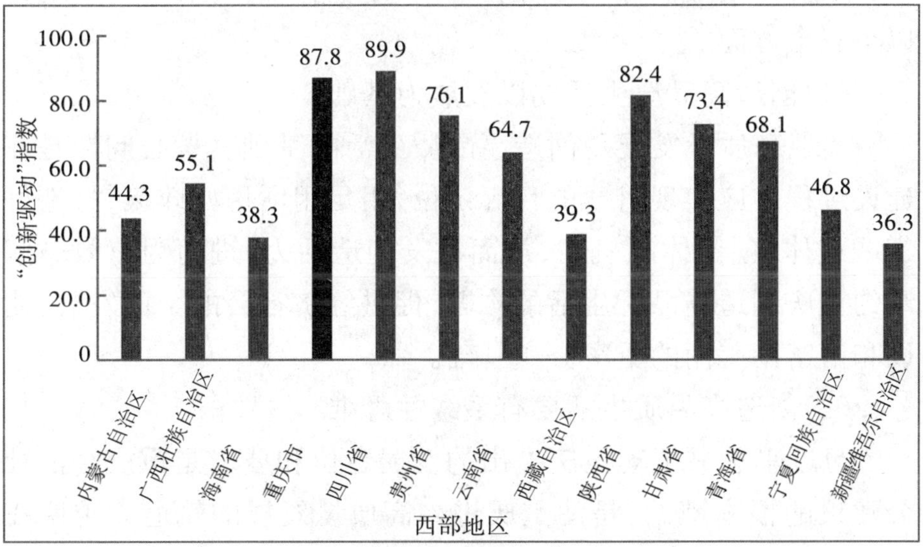

图1–8　2018年重庆市与西部地区其他省份“创新驱动”指数比较

（4）从建设质量看，“好”的因素在累积

从测量结果看，重庆市高品质生活指标体系中有不少指标不断积累“好”的因素，如经济、社会、生态持续向好的因素，更加务实的作风，更加稳定的战略、政策等。各项指标总体呈现稳中有进、稳中提质、稳中向好的“积极内核”。这主要得益于习近平总书记对重庆市提出的“两点”定位、“两地”“两高”目标和“四个扎实”总体要求，体现出了高瞻远瞩的战略眼光和强烈的历史担当。重庆市用好“四大优势”，发挥“三个作用”，将与“两点”定位、“两地”“两高”目标相互贯通，促使重庆市战略地位的再提升、发展定位的再拓展，进一步彰显了重庆市在国家战略全局中的定位和方位。高质量的发展，高标准的定位，必然进一步促进向好因素的不断聚集。

2.重庆市创造高品质生活的经验

重庆在创造高品质生活进程中的基本经验，主要可归纳为以下三个方面。

(1)创造高品质生活要以发展为基础

实现高质量发展是创造高品质生活的基础。核心问题是在建设过程中应实现科学的目标定位，用足用活用好政策，打造好实践载体、创新体制机制，从而激发创造活力，进而为有效破解制约重庆创造高品质生活的难题，促进经济社会的全面发展，建设和谐富裕美丽的重庆夯实基础。

(2)创造高品质生活要有系统性思维

习近平总书记对重庆提出的发展定位和要求是重庆经济社会建设的根本遵循，是使重庆进入高质量发展的轨道。重庆在推进创造高品质生活过程中，努力促进各个环节、各个方面落实这一基本要求，在科学定位上科学规划，在用好政策上科学决策，在培育载体上科学布局，由此形成了健康发展之路。建设国家中心城市使重庆在经济、政治、文化、社会、生态等多方面在全国具备引领、辐射、集散功能。

(3)创造高品质生活要坚持城乡统筹

重庆市集大城市、大农村、大库区、大山区于一体,城乡二元结构矛盾突出,老工业基地改造振兴任务繁重,统筹城乡发展任重道远。在新形势下,党中央、国务院对重庆市发展提出新的更高的要求,这就使得重庆必须要更好地坚持和拓展统筹发展之路。尤其是要着力把握经济社会发展全局,处理好各方面的重大关系,在科学定位上总揽全局、统筹规划,实现重庆发展与全国区域发展的战略统筹。

(四)重庆市创造高品质生活的不足

重庆市创造高品质生活除了遭遇百年不遇的新冠肺炎疫情影响外,课题组通过纵向、横向进行全面系统的对比,分别梳理与分析出重庆市高品质生活创造中存在的不足,以及面临的诸多挑战。

1.经济增速总体放缓

2018年,重庆市GDP首次突破2万亿元,达到20363.19亿元,同比增长6%。与此同时,我们必须清醒地认识到:进一步突破经济发展总量的同时,重庆市2018年部分经济指标低于预期,下行压力增大。如GDP增速与2017年相比,降幅达3.3个百分点,创10年来历史新低,且低于全国平均速度。继连续10多年高速增长,重庆市经济增速有所回落有较为深层的原因,比如周期性市场需求变化、长期积累的结构性矛盾等。一方面,重庆市的产业结构以制造业为主,包括电子信息产业和汽车制造产业。当前市场需求发生了变化,因此供给也应该做出适度的调整。另一方面,资源是有限的,并且需要注意环境保护,不能一直搞低水平、规模型的产出。经济结构与经济总量息息相关,调整进度缓慢、产业结构不合理等原因都可能导致经济增速总体放缓。

2. 文化事业发展受限

测算数据显示,重庆市2018年“文化高品质建设”指标的指数为60.0,低于“重庆市高品质生活”指数8.9个点,其主要原因如下。一是,文化投入相对不足。重庆市文化事业费占财政支出的比重2007年为0.43%,2008年上涨为0.46%,2009年和2010年则回降到0.40%。在经济实力实现大跨越的同时,重庆市更应进一步扩大文化事业费占财政支出的比重,推动文化事业的健康持续发展。二是,文化消费市场有待开发。城镇家庭年人均教育娱乐文化服务消费支出,2007年为1439.32元,到2008年则下降为1267.03元,之后持续增长至2010年的1644.58元。而农村家庭年人均教育娱乐文化服务消费支出也由2007年的190元增长至2010年239.03元。从数据可知,重庆市城乡人均文化消费呈增长态势,但其增长速度相对滞后,城乡文化消费市场潜力巨大。三是,高级文化人才队伍有待壮大。重庆市人才引进机制不活、人才管理理念和方式相对落后。要提升重庆市文化产业整体竞争优势就必须引进高级文化人才,促进专业化人才队伍的进一步壮大。

3. 社会建设短板亟待补齐

社会高品质建设是重庆市生活高品质建设的短板之一。社会高品质关系着医疗卫生、教育事业、社会保障、交通领域等多方位建设。在医疗卫生方面,重庆市医疗卫生事业发展迅速,但群众看病贵看病难问题依然突出,存在政府对医疗卫生事业投入不足,城乡医疗卫生事业发展不协调等问题。在教育事业方面，总体上宏观环境持续向好，从教育需求与教育资源配置来看，还存在较为突出的供需矛盾。未来15年，重庆市教育态势机遇与挑战并存，希望和困难同在。在社会保障方面，全市城镇企业职工基本养老保险参保人数为945.81万人，比上年增长6.7%。城乡居民社会养老保险参保人数为1119.63万人，增长1.0%。[①]虽然社会保险综合覆盖率在逐渐增加，但是随着经济结构的调整和企业改革的深化，加之重庆市三峡库区产业空心化、社会风险和财政风险凸现、社会保障制度发展滞后等多重因素，这方面的问题将持续影响人们的生活品质。在交通领域方面，因地理条件受限，重庆市综合交通结构还不完善，尚未充分释放交通运输资源潜力，总体运输能力不足，交通基础设施制约社会经济高质量发展的问题仍然存在，现有的管理体制制约了运输市场的进一步健全。

4.生态建设仍有较大提升空间

测算数值显示，从2003年到2018年，重庆市“生态高品质建设”指标的指数从45.3增加至85.1。截至2018年，“生态高品质建设”指标的指数在4个直辖市和西部12个省（市、区）中排名第1。近10年来，重庆市加大生态环境改善资金投入力度，累计投入1500亿元，解决了当前人民群众关切的、较为突出的环境问题，环境质量明显改善，助推经济社会可持续发展。生态建设方面，重庆市做了很多努力，也取得长足的发展，但是仍然面临着生态文明意识不强、体制机制不健全、生态较为脆弱等诸多问题，在体制优化、机制创新，以及深化科学研究等方面还有较大的提升空间。需要进一步加强统筹协调、进一步优化国土开发格局，积极探索生态文明建设模式，保持生态文明高品质建设整

①参见《2018年重庆市国民经济和社会发展统计公报》。

体向上向好。

5. 社会治理还不完善

“治理高品质建设”也是重庆市创造高品质生活中的一个重要短板。其中，行政效能的短板尤为突出。近年来，重庆不断加强和创新社会治理，如深入推进“最多跑一次”改革，全面推进“大数据+智能化”创新与应用。与此同时，在社会治理建设的过程中发现了一些不足之处，它们与公众参与、行政效能等有着密不可分的联系。如在贯穿、保障、引领基层治理创新方面还缺乏新的理念与模式创新；形式主义、官僚主义时隐时现，尚未完全根除。如部分单位还不同程度地存在以会议贯彻会议、以文件落实文件、脱离实际搞创新、懒政不作为等现象。[①]

四、重庆高品质生活指数的发展趋势

课题组通过函数拟合预测了重庆市未来高品质生活指数的发展趋势。课题组于 2020 年 7－8 月对重庆市高品质生活主观指标开展调研，并获取相应数据。鉴于无法收集其他地区高品质生活的主观指标数据，为了便于与其他地区高品质生活指数发展规律进行比较，在这里，课题组只能根据以往重庆市创造高品质生活的客观指数规律，通过数据测算，预测重庆市高品质生活客观指标指数的发展状况。

①章君，王伟. 重庆经济高质量发展的现状、问题与对策研究——基于“五大发展理念”的视角[J]. 河南财政税务高等专科学校学报，2019，33(06)：49-53.

(一)2020年重庆市高品质生活指数的预测

1. 2020年重庆市高品质生活指数的预测

根据课题组的预测(图1–9),2020年重庆市高品质生活指数为68.9,相比于2018年的67.5,两年间增长了1.4,年均指数增长0.7,远低于2003–2018年的年均1.5的增长幅度。其中,“经济高品质建设”指标指数为71.9,“文化高品质建设”指标指数为78.7,“社会高品质建设”指标指数为65.4,“生态高品质建设”指标指数为69.0,“治理高品质建设”指标指数为67.6。预测数据显示,2020年重庆市高品质生活指数增速平缓。

究其原因,新冠肺炎疫情对经济发展、文化建设、社会管理等各方面造成巨大影响,加之疫情蔓延全球,较长一段时期内冲击着国际营商环境。尽管重庆积极恢复生产,并在上半年实现了经济增长“由负转正”,但因新冠肺炎疫情导致的近两个月的经济停摆,对重庆2020年的总体发展速度影响较大。

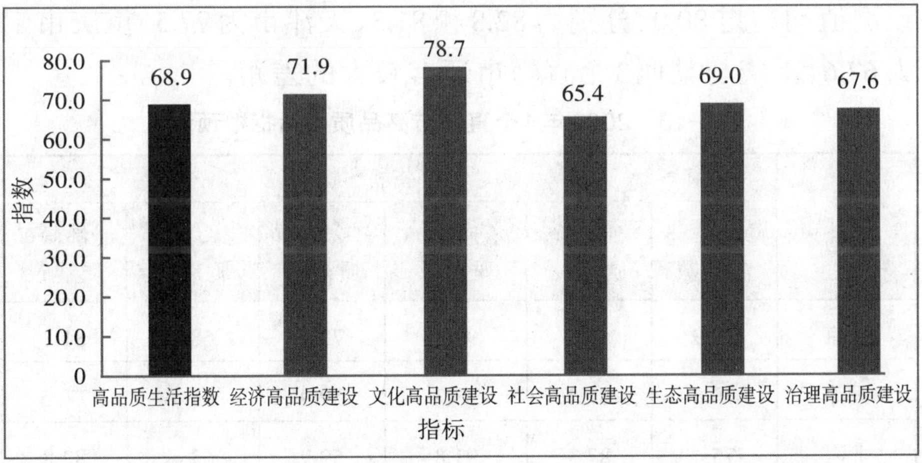

图1–9　2020年重庆市高品质生活指数及各一级指标预测值

2. 2020年重庆市高品质生活指数与直辖市比较

根据预测数据(表1-13),2020年北京市高品质生活指数为79.9,已接近"高品质生活较高"区间;上海市为75.4,天津市则为70.6,都迈入"高品质生活中等"区间,重庆市处于直辖市末端,指数为68.9。从一级指标来看:一是北京市、上海市、天津市"经济高品质建设"指标指数预测值远远高于重庆市的71.9,并且上海市"经济高品质建设"指标指数最高(87.3),北京市紧随其后(87.0),天津市指数预测值也相对较高(81.4);二是北京市、上海市"文化高品质建设"指标指数预测值均超过90.0,分别是92.8和91.8,远高于天津市的73.3以及重庆市的78.7;三是"社会高品质建设"指标指数预测值总体偏低,其中,北京市最高(73.4),重庆市排名第二(65.4),天津市和上海市均低于60.0,分别为59.9和59.7;四是重庆市"生态高品质建设"指标指数预测值为69.0,高于北京市的68.2、天津市的64.4以及上海市的63.4,处于领先地位;五是上海市、北京市"治理高品质建设"指标指数预测值均超过80.0,分别为82.8和81.3,天津市为77.5,重庆市则为67.6,重庆与其他3个直辖市还有较大的差距。

表1-13　2020年4个直辖市高品质生活指数预测

直辖市	指标					
	高品质生活指数	经济高品质建设	文化高品质建设	社会高品质建设	生态高品质建设	治理高品质建设
北京	79.9	87.0	92.8	73.4	68.2	81.3
天津	70.6	81.4	73.3	59.9	64.4	77.5
上海	75.4	87.3	91.8	59.7	63.4	82.8
重庆	68.9	71.9	78.7	65.4	69.0	67.6

3. 2020年重庆市高品质生活指数与四川省、陕西省比较

根据预测数据(表1-14),2020年重庆市高品质生活指数为68.9,低于陕西省的70.3,高于四川省的66.8。从一级指标来看:一是重庆市“经济高品质建设”指标指数预测值为71.9,远远高于陕西省的65.6,以及四川省的65.5;二是陕西省“文化高品质建设”指标指数预测值超过90.0,为93.7,远高于四川省的84.6,以及重庆市的78.7,充分说明文化高品质建设是重庆市创造高品质生活中较大的短板;三是陕西省“社会高品质建设”指标指数预测值最高,为69.1,高于四川省的66.5,以及重庆市的65.4;四是重庆市“生态高品质建设”指标指数预测值为69.0,高于陕西省的66.4,以及四川省的62.0,居于首位;五是重庆市“治理高品质建设”指标指数预测值远高于陕西省的60.9,以及四川省的57.4。

表1-14　2020年重庆市、四川省和陕西省高品质生活指数预测

省(市)	指标					
	高品质生活指数	经济高品质建设	文化高品质建设	社会高品质建设	生态高品质建设	治理高品质建设
重庆市	68.9	71.9	78.7	65.4	69.0	67.6
四川省	66.8	65.5	84.6	66.5	62.0	57.4
陕西省	70.3	65.6	93.7	69.1	66.4	60.9

(二)“十四五”期间重庆高品质生活指数的预测

1.“十四五”期间重庆市高品质生活指数的预测

2021–2025年是我国“十四五”建设时期。根据课题组的预测,到“十四五”收官之年,重庆市高品质生活指数将达到76.6。根据前面对高品质生活的划分标准,2025年重庆市仍然只能实

现中等程度的高品质生活水平。如表1-15所示，到2025年，重庆市高品质生活及各个维度的指数都有显著提升，“社会高品质建设”“生态高品质建设”“治理高品质建设”3项指标数值总体低于高品质生活指数。“十四五”期间，社会、生态、治理等方面的高品质建设将是重庆市创造高品质生活的重要发力方向。

表1-15 2021-2025年重庆高品质生活指数及各维度预测

时间/年	指标					
	高品质生活指数	经济高品质建设	文化高品质建设	社会高品质建设	生态高品质建设	治理高品质建设
2021	70.4	73.2	79.9	66.6	70.3	68.8
2022	72.0	74.6	81.2	67.8	71.5	70.1
2023	73.5	75.9	82.5	69.1	72.8	71.3
2024	75.0	77.3	83.8	70.3	74.2	72.7
2025	76.6	78.7	85.2	71.6	75.5	74.0

2.“十四五”期间重庆市高品质生活指数与其他直辖市的比较

根据预测数据，“十四五”期间，四大直辖市高品质生活指数年均增长幅度维持在0.7-1.3，增长趋势较为稳定。按预测数值区位划分为三个档次：北京市高品质生活指数位于81.0-85.8之间，率先迈入并持续处于“高品质生活较高”区间，独占一档；上海市位于76.6-81.2之间，并于2024年(预测值80.0)迈入“高品质生活较高”区间，处于第二档；天津市、重庆市高品质生活指数值分别位于71.6-75.3、70.4-76.6之间，两者之间差距依然较小，但仍未跨入“高品质生活较高”区间，处于直辖市板块的最后一档。值得一提的是，重庆市在“十四五”中期(即2023年)实现了对天津市的反超，之后两年则继续保持着较为微弱的优势。

从一级指标来看（图1-10），重庆市“社会高品质建设”“生态高品质建设”两项指标数值仅低于北京市，明显高于上海市、天津市；其余3项指标与其他直辖市均存有较大差距，但也出现一些较为可喜的变化。预测显示，“十四五”期间，重庆市各项一级指标的年均指数增长约1.2，高于北京市（1.0）、上海市（0.9）、天津市（0.7），增幅最大。重庆市在逐步缩小与北京市、上海市的差距，总体上超越天津市。对比天津市，不难发现，两者互有优势。如2021年，重庆市、天津市“经济高品质建设”指数分别为73.2、82.2；2025年则为78.7、85.5；数据显示，两者之间的差距在缩小。可能的原因在于，“十四五”期间的成渝地区双城经济圈建设将持续向纵深发展，经济活力得到进一步的释放，在一定程度上缩小了重庆市与天津市之间的“经济高品质建设”指数差距。再比如，2021年，重庆市、天津市“生态高品质建设”指数分别为70.3、65.6；2025年则为75.5、70.5；重庆市进一步扩大了对天津市的优势。

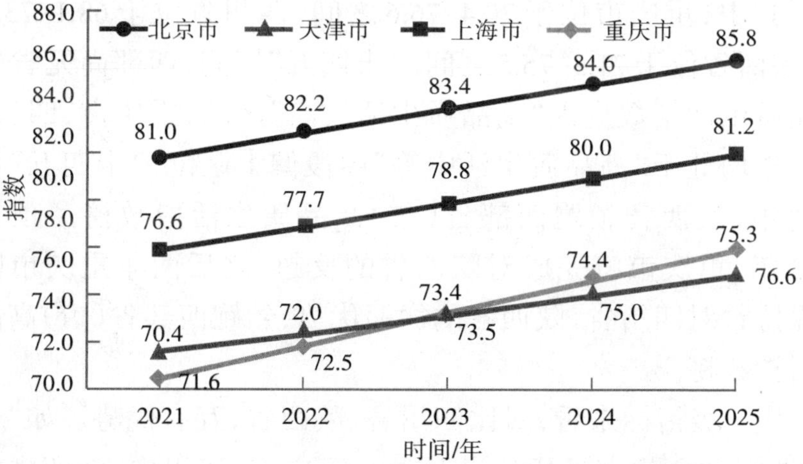

图1-10　2021-2025年直辖市高品质生活指数预测

基于“十四五”期间全国直辖市高品质生活指数的趋势预测，对比其他直辖市数据，建议重庆市：一是谋划编制好“十四五”发展规划纲要，立足新时代国家发展大局，把握好经济发展新常态这个大势，关键要抓住新一轮西部大开发战略机遇，推动共建“一带一路”画卷向纵深铺展，以及长江经济带深入推进；二是充分发挥与运用好区位、生态、产业、体制“四大优势”，必须主动把高质量发展置于全市大局中去思考、谋划和推进，打好“优势牌”；三是“三个作用”与“两点”定位、“两地”“两高”目标相互贯通，使重庆市战略地位再提升、发展定位再拓展，进一步彰显在国家战略全局中的定位和方位。

3.“十四五”期间重庆市高品质生活指数与四川省和陕西省的比较

课题组对重庆市、四川省、陕西省在“十四五”期间的高品质生活指数进行了预测，数据结果显示（图 1-11），三个省（市）预测指数年均增长幅度维持在 0.8-1.2 的区间，增长趋势较为稳定。其中，重庆市位于 70.4-76.6 之间，四川省位于 68.1-73.9 之间，陕西省位于 71.3-75.5 之间。“十四五”期间，西部尚无省（市）高品质生活指数进入“高品质生活较高”区间，重庆市、四川省、陕西省均处于“高品质生活中等”中段偏上区位。“十四五”期间前两年，陕西省领跑西部省（市）高品质生活指数榜。预计到 2023 年，重庆市将完成对陕西省的反超，之后两年重庆市则一直保持着对四川省、陕西省的微弱优势，领跑西部省（市）高品质生活指数榜。

从一级指标来看，对比四川省、陕西省，互有优势。如“十四五”期间，“文化高品质建设”指标，重庆市、四川省、陕西省的预测指数分别位于 79.9-85.2、85.7-90.3、94.2-96.1 区间。四川省、陕西省“文化高品质建设”指数预测远远高于重庆市。关于“经济高品质建设”指数，重庆市、四川省、陕西省的预测值分别位于73.2–78.7、66.8–72.3、66.8–71.7；“治理高品质建设”指数，重庆市、四川省、陕西省的预测值分别位于66.8–74.0、58.6–63.4、61.9–66.3，重庆市的“经济高品质建设”“治理高品质建设”两项指标明显高于四川省、陕西省。究其原因，重庆市作为中西部唯一的直辖市，有着较为明显的体制优势。市直管区县，扁平化行政管理结构特点突出，行政成本较低，行政效率较高。

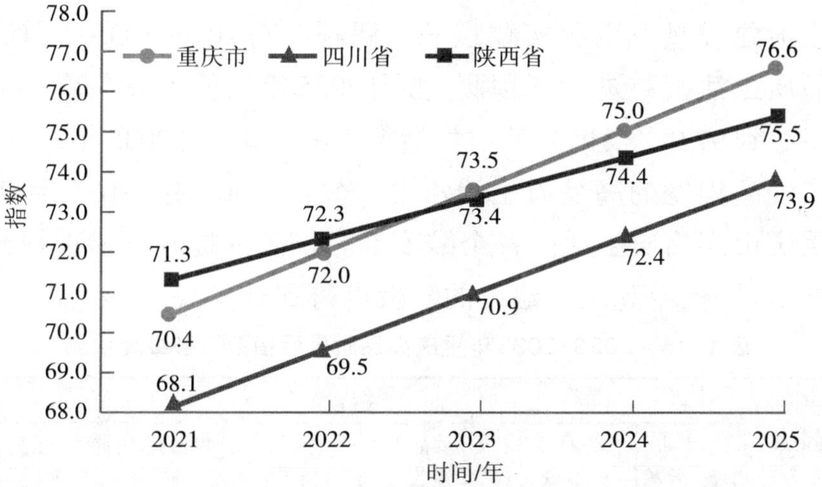

图1–11　2021–2025年重庆市、四川省和陕西省高品质生活指数预测

基于“十四五”期间重庆市、四川省和陕西省的高品质生活指数的趋势预测，建议重庆市：一是强化“川渝一盘棋”思维，抓住机遇、勇担使命，唱好“双城记”，与成都协同建设具有全国影响力的“两中心”，形成高质量发展的重要增长极，进一步把重庆市打造成渝地区，乃至全国经济最活跃的增长极和动力源；二是着力破解西部地区发展不平衡不充分，提升重庆市发展空间，将重庆市与西部各省(市)合作拓展到更宽领域、更深层次、更高水平，持续向纵深推进，助力新时代推进西部大开发形成新格局；

三是针对四川省、陕西省的优势板块，补齐短板，如文化高品质建设方面，全力推动文化产业高质量发展，让文化获得感成为高品质生活标配。

（三）2026–2035年重庆市高品质生活指数的预测

1.2026–2035年重庆市高品质生活指数的预测

2035年我国将基本实现社会主义现代化，对于重庆市高品质生活建设具有重要实践意义。课题组对2026–2035年重庆市高品质生活指数进行了预测，得到2035年重庆市高品质生活指数将达到91.9。根据高品质生活的划分标准，到2035年，重庆市将实现高程度的高品质生活水平。数据显示（表1–16），到2035年重庆市高品质生活的各个维度都有显著的提升。治理提升到更高水平，社会高品质建设的短板也得到补齐。

表1–16　2026–2035年重庆高品质生活指数及各维度预测

时间/年	指标					
	高品质生活指数	经济高品质建设	文化高品质建设	社会高品质建设	生态高品质建设	治理高品质建设
2026	78.1	80.2	86.5	72.9	76.9	75.3
2027	79.6	81.6	87.9	74.3	78.3	76.7
2028	81.2	83.1	89.3	75.6	79.8	78.1
2029	82.7	84.6	90.8	77.0	81.2	79.6
2030	84.2	86.2	92.2	78.4	82.7	81.0
2031	85.8	87.8	93.7	79.9	84.2	82.5
2032	87.3	89.4	95.2	81.3	85.8	84.0
2033	88.8	91.0	96.7	82.8	87.3	85.5
2034	90.3	92.7	98.3	84.3	88.9	87.1
2035	91.9	94.4	99.8	85.9	90.6	88.7

2. 2026-2035年重庆市高品质生活指数与其他直辖市的比较

根据课题组预测数据显示（表1-17），2026-2035年，四大直辖市高品质生活指数年均增长幅度维持在1-1.4的区间，较之“十四五”期间的增幅上涨0.2，保持较为稳定的快速增长趋势，其中，重庆市年均近1.4的增幅最为突出。2026-2035年，直辖市高品质生活指数按预测数值区位划分为两个档次：北京市与上海市同处第一档，天津市与重庆市则同属另一档。其中，北京市高品质生活指数位于87.0-99.2之间，于2029年（预测值90.9）率先迈入“高品质生活程度高”区间；上海市高品质生活指数位于82.4-94.5之间，并于2032年（预测值90.2）迈入“高品质生活程度高”区间；天津市、重庆市高品质生活指数分别位于76.3-85.8、78.1-91.9之间，重庆市于2034年迈入“高品质生活程度高”区间，预测值为90.3。在此十年间，前五年重庆市对天津市保持微弱优势，后五年，重庆则以较大的领先优势，进一步扩大了与天津市的差距，显示出较为强劲的后发力。

从一级指标来看，对比北京市、上海市、天津市，重庆市最为显著的优势：各项指标指数预测值较为均衡，尚无明显的短板。以2035年高品质生活指数五个一级指标预测数值为例，北京市平均值为99.2，其中，“经济高品质建设”指标指数最高，为101.0，“社会高品质建设”指标指数最低，为97.4，指数落差为3.6；上海市平均值为94.5，其中，“治理高品质建设”指标指数最高，为103.5，“生态高品质建设”指标指数最低，为85.4，指数落差为18.1；天津市平均值为85.8，其中，“经济高品质建设”指标指数最高，为94.4，“社会高品质建设”指标指数最低，为74.9，指数落差为19.5；重庆市平均值则为91.9，其中，“文化高品质建设”指标指数最高，为99.8，“社会高品质建设”指数最低，为85.9，指数落差为13.9。数据表明，北京市、天津市最高指数均为“经济高品质建设”指标，上海市“经济高品质建设”指标指数也高达101.3。京津冀、长三角作为我国经济最具活力和创新力、吸纳人口最多、人才资源集聚力最强的城市群，在多个领域处于全国领先，拥有广阔的发展平台与空间。

表1-17　2026-2035年4个直辖市高品质生活指数比较

时间/年	直辖市			
	北京市	天津市	上海市	重庆市
2026	87.0	76.3	82.4	78.1
2027	88.3	77.3	83.7	79.6
2028	89.5	78.3	84.9	81.2
2029	90.9	79.3	86.2	82.7
2030	92.2	80.4	87.5	84.2
2031	93.5	81.4	88.9	85.8
2032	94.9	82.5	90.2	87.3
2033	96.3	83.6	91.6	88.8
2034	97.7	84.7	93.0	90.5
2035	99.2	85.8	94.5	91.9

基于对2026-2035年间全国直辖市高品质生活指数的趋势预测，对比其他直辖市数据，建议重庆市：要更加注重品牌意识，在生态等具有突出优势的指标上，下真功夫，做大文章，打造重庆名片，做强特色。

3. 2026-2035年重庆市高品质生活指数与四川省、陕西省的比较

重庆市、四川省、陕西省三省（市）的发展长期居于西部地区前列，彼此始终处于你追我赶的状态，具有很强的可比性。课题

组对重庆市、四川省和陕西省在2026-2035年期间的高品质生活指数进行了预测(表1-18),重庆高品质生活指数位于78.1-91.9之间,四川省高品质生活指数位于75.4—90.5之间,陕西省高品质生活指数位于76.6-87.3之间,重庆市先于四川省、陕西省迈入"高品质生活程度高"区间。数据结果显示,三个省市预测指数年均增长幅度维持在1.1-1.5的区间,较之"十四五"期间的增幅上涨0.3,保持较为稳定的快速增长趋势。其中,四川省年均1.5的增幅最为突出。相较于"十四五"期间,重庆市、四川省、陕西省创造高品质生活的各项指数稳步上升,总体平衡度有所改善,成效较为显著;相较于北京市、上海市、天津市等发达地区,西部省(市)高品质指数还存在巨大的差距。

表1-18 2026-2035年重庆市、四川省和陕西省高品质生活指数的比较

时间/年	省(市)		
	重庆市	四川省	陕西省
2026	78.1	75.4	76.6
2027	79.6	76.9	77.7
2028	81.2	78.5	78.8
2029	82.7	80.1	80.0
2030	84.2	81.7	81.2
2031	85.8	83.4	82.4
2032	87.3	85.1	83.6
2033	88.8	86.9	84.8
2034	90.3	88.7	86.0
2035	91.9	90.5	87.3

从一级指标来看,重庆市、四川省、陕西省,各有优势。如"经济高品质建设""生态高品质建设""治理高品质建设"三项指标,重庆市有十分明显的优势;而在"社会高品质建设""文化高品质建设"两项指标上,四川省、陕西省要优于重庆市。其中,

"文化高品质建设"指数预测趋势值得重庆方面高度关注。2026-2035年,重庆市、四川省、陕西省的"文化高品质建设"指标预测指数分别位于86.5-99.8、91.4-102.7、96.6-101.0,年均增幅分别为1.3、1.1、0.4。"文化高品质建设"指标预测数值表明,2026-2035年,相比四川省、陕西省,重庆市的年均增幅十分突出,已逐渐从"追赶"向"跟跑"转变,大有"并跑"之势。

基于2026-2035年重庆市、四川省和陕西省高品质生活指数的趋势预测,建议重庆要重点关注发展后劲相对不足的指标,如"社会高品质建设"。要聚焦发展难题,破解发展瓶颈,精准施策,持续推进产业转型升级,加快创新改革步伐,逐步实现从"跟跑"向"并跑""领跑"转变。

五、重庆市创造高品质生活的路径

实现高质量发展、创造高品质生活是习近平总书记寄予重庆的厚望。基于重庆发展的现实基础、面临的不足和困境以及其未来前瞻,重庆市创造高品质生活关键的着力点是强化理念、做好规划、扬长避短、做好系统保障。经过3-5年的持续努力一定能上升到一个新的台阶。

(一)开展高品质生活理念提升计划

思想是行动的先导。面对重庆发展中还存在的认识观念滞后、思维方式僵化等现状,首先必须要采取切实行动树立各级党政领导干部和普通市民的创造高品质生活的意识,促进形成上下一致、同心同力创造高品质生活的良好自觉氛围。

1.增强各级领导重视

在创造高品质生活中,领导干部是“关键少数”,更是“头雁引领”,增强各级领导重视旨在为重庆创造高品质生活提供组织保障。

(1)组建重庆创造高品质生活领导工作小组

建议成立由市委、市政府主要领导任组长的重庆市创造高品质生活工作领导小组,下设办公室,可设在政府办公厅。办公室具体负责日常工作,开展工作推进的监督和评价等,具体人员由各部门相关人员兼职组成。

(2)建立工作联动机制

建立重庆市创造高品质生活工作联席会议机制。联席会议由市委、市政府主要领导担任召集人,市级各部门负责人为成员。例行联席会议每年至少召开两次。联席会议的主要任务是总结和部署全市创造高品质生活工作,沟通情况,对疑难问题进行会商研判,提出建议。

(3)增强各级领导的思想政治素养

重点是要通过常态化和规范化的理论学习、教育和培训,使广大干部深入领会习近平新时代中国特色社会主义思想,牢固树立“四个意识”和新发展理念,做思想上的清醒人、政治上的明白人、工作上的实在人、生活上的干净人,在创造高品质生活中发挥示范引领作用。

2.提升市民思想认识

提升市民的思想认识,旨在为重庆市创造高品质生活提供群众基础和思想基础。

(1)做好创造高品质生活的理论研究和宣传阐释

以课题研究为突破,深化重庆市创造高品质生活的理论研究，揭示创造高品质生活的规律与原则，洞悉重庆市创造高品质生活的必要性、可能性和路径选择。

(2)加强对市民的教育和培训

深入开展学习型机关、学习型村社、学习型单位等创造活动，充分利用各种公共文化服务设施设备，结合"读书月"活动定期不定期地向市民推荐高品质生活相关的精品经典，不断提高市民的文化素养。围绕着"高品质生活+"这一主题，通过举办培训班和开展各类学习、研讨活动，帮助市民理解和把握创造高品质生活的含义、意义和要求。实现公共文化设施、建筑与创造高品质生活的良性互动，包括城市建筑、城市雕塑、城市历史文化古迹、城市公共空间和城市园林绿地建设等，促进高品质生活理念深入人心。

(3)优化宣传手段

充分利用现代网络技术，创造专设窗口和开发应用APP，通过线下的宣讲、教育和培训与线上的多媒体广泛创新运用紧密结合，让宣传内容和市民的所想所需相契合，以达到市民对于创造高品质生活的清楚认知和深刻认同。

3.增强科学规划理念

创造高品质生活，满足市民对美好生活的新期盼，离不开对创造高品质生活的顶层设计与科学谋划，需要制定好"一张线路图"。

(1)编制好"十四五"发展规划纲要

立足新时代国家发展大局，把握好经济发展新常态这个大势，抓住新一轮西部大开发战略机遇，推动共建"一带一路"画卷向纵深铺展，以及长江经济带深入推进，把高质量发展置于全市大局中去思考、谋划和推进。打好"优势牌"，实现重庆市战略地位的再提升、发展定位的再拓展，进一步彰显重庆市在国家战略全局中的定位和方位。

(2)增强区域发展合作意识

建立健全区域协调发展互动机制，将重庆市与西部各省(市)的合作拓展到更宽领域、更深层次、更高水平，持续向纵深推进，助力新时代推进西部大开发形成新格局。强化"川渝一盘棋"思维，抓住机遇、勇担使命，唱好"双城记"，推动成渝地区双城经济圈建设走深走实，与成都协同建设具有全国影响力的"两中心两地"，形成高质量发展的重要增长极，进一步把重庆市打造为成渝地区，乃至全国经济最活跃的增长极和动力源。

(二)着力夯实五大基础工程

基于重庆市经济社会发展基础，创造高品质生活要着力夯实经济、社会、生态、文化和政府建设五大基础工程，满足重庆市创造高品质生活的重要基础建设，促进高品质生活创造的顺利推进和具体实施。

1.经济发展提质工程

经济发展是基础，夯实经济发展提质工程，旨在为重庆市创造高品质生活提供丰富的物质基础。

(1)调整经济结构，优化产业升级

以产业结构的升级为中心，不断推动产业转型升级，加快建设现代化产业体系。重点是推动汽车产业、装备产业、能源产业上的转型升级，深入实施以大数据智能化为引领的创新驱动发展战略行动计划，促进数字经济和实体经济有机融合，培育与壮大智能产业，立体拓展应用场景，助力重庆加快发展成为"智造重镇”“智慧名城”。创新发展支柱服务业，着力发展高端服务业，提升发展传统服务业，运用新发展理念和先进发展理念，利用好现代技术优势和新型商业模式的优势，培育优化传统服务业方式，提高传统服务业竞争优势。

（2）合理化配置高品质生活所需资源

着力加强供给侧结构性改革，着力提高供给体系质量和效率，增强经济持续增长动力。贯彻新发展理念，依托财政、金融等多重手段，促进总供给与总需求之间的动态平衡，促使国民经济总体平稳，稳中有进，始终运行在合理区间；以供给侧结构性改革为主线，深入推进简政放权等改革；制定推动经济高质量发展中长期规划，科学制定研究建立经济高质量发展的标准体系和统计体系，结合实际制定激励经济高质量发展的政策制度，加大各种假冒伪劣行为打击力度，加强知识产权保护。

（3）唱好“双城记”，建好“经济圈”

注重顶层设计，坚持“一盘棋”统筹发力，规划好成渝地区双城经济圈一体化协同发展格局，构建系统、科学的发展规划，促进一体化发展的作用发挥。紧扣目标定位，统筹推进成渝地区高质量发展，充分发挥中心城市辐射作用，促进各类优质资源和生产要素合理流动和高效集聚。加快成渝地区双城经济圈交通基础设施建设，充分发挥交通运输的先行引领作用，发挥物流市场的主体作用，强化公共服务共建共享，提升公共服务水平。加快建成现代产业体系，增强协同创新发展能力，推进体制机制创新，推动成渝地区双城经济圈的经济集群作用，提升经济高质量发展水平。

2.社会建设创优工程

社会建设是创造高品质生活的重点方向，夯实社会建设创优工程旨在为重庆市创造高品质生活提供重要的社会环境。

(1)提升公共服务水平

推进公共服务标准化的建设,使城乡基础设施建设标准达到一致,完善基本公共服务保障,使横向各方面建设发展更趋于标准化、规范化,提高公共服务水平,使公共服务真正达到服务标准、公共服务方式与时俱进。完善公共服务精准供给机制,特别是要健全信息发布机制和完善大数据条件下公共服务供需耦合机制。完善社会公众广泛参与机制,包括完善多样化的需求表达机制、多渠道的供给参与机制、有序的治理参与机制和全方位的评估参与机制。

(2)强化民生服务保障

完善民生建设体系,大力实施保障和改善民生行动计划,筑牢民生底板,确保补齐民生短板,贯彻和落实好就业优惠政策,关注大学生、农民工、就业困难人员的就业情况,加强就业就学就医等优质公共服务供给。贯彻和落实惠民工程,落实"米袋子""菜篮子"工程,保障蔬菜、食品供应,保障农产品价格基本稳定,保障好市民群众"舌尖上的安全"。加大突发公共卫生事件的管控,提高应对突发重大公共卫生事件的能力和水平,建立健全常态化疫情防控机制。同时要解决好"两不愁、三保障"问题,巩固脱贫成果,防止"返贫";推进"智慧医院""美丽医院"建设。

(3)深化社会治理

创新社会治理方式,以"互联网+"与社会治理相结合的方式,促进社会安全的全方位监管,实现智能化和规范化的社会安全法治体系。用好新时代文明实践站,推进"三治合一",形成共建共治共享格局,补齐社会治理短板。

(4)强化社会体制保障

深化机构和行政体制改革,转变政府职能,深化简政放权,落实“放管服”,建设人民满意的服务型政府,形成有效的社会治理制度和良好的社会秩序。加大收入分配、医疗卫生、扶贫脱贫制度方面的改革,努力使人民的获得感、幸福感和安全感更加充实。

3.生态建设展美工程

生态建设是高品质生活的重要组成部分,夯实生态建设展美工程,旨在丰富重庆市创造高品质生活内容。

(1)完善生态文明制度体系

切实梳理、总结重庆加强生态文明建设的典型做法、成功经验,形成理性的认识和重庆例案,上报中央相关部委和领导。进一步高效利用自然生态资源,从生态资源的责任保护制度、生态资源的自然修护制度和生态环境保护的监测制度出发,不断完善生态文明制度体系,深化蓝天、碧水、净土行动,落实好“两山”理论,保护重庆生态资源,促进重庆的经济社会发展。

(2)创新生态文明治理模式

加快建设区域示范类大数据综合试验区,深化大数据在生态文明建设中的作用,形成区域(市、区、县)内外联动,形成重庆的生态治理大数据库,并结合软件、互联网和数字内容服务,充分利用好重庆的大数据项目工程,比如公共大数据国家重点实验室重庆分部、紫光伟东重庆数据中心、华为大数据基地(涪陵)等工程项目,推动生态文明治理。

(3)构建生态产品发展链条

维系原生自然资源,比如空气、水源、森林等自然资源,打造天然“森林氧吧”“避暑休闲地”。利用重庆良好的生态资源优势，积极开发生态产品，开发休闲娱乐等派生资源，如生态旅游、产业绿化、植树造林等形式。

4. 文化建设升级工程

文化发展是一个城市发展的根本之源，实施文化建设升级工程，旨在呈现推动重庆市高品质生活创造的文化底蕴。

（1）建设重庆城市文化品牌

以“名城”塑造城市品牌。重点是建设国际消费中心城市，营造优质的国际化营商环境，实施国际消费集聚区建设、国际消费品牌集聚、国际消费营销推广等城市文化品牌工程。以“名景”成就旅游品牌。重点是要全力打造好三峡、山城、人文、温泉、乡村五张名片，激发重庆经济发展活力。持续举办全球旅行商大会，促进国际文化旅游交流，更好地促进重庆旅游业向国际化发展的路线。以“名品”体现品质品牌。重点是以知名企业为载体，保证产品质量。着力从生产、经营、消费等多环节和领域，聚焦“重庆品位”“重庆工艺”“重庆味道”品牌建设，保证重庆产业质量优势。

（2）建设重庆城市文化符号

在物质文化符号上，着力体现重庆的自然环境、标志建筑、居民行为。如重庆作为著名的“山城”，拥有复杂的立交桥、各类网红打卡点、“中国火锅之都”的称号等，重庆解放碑、朝天门、重庆人民大礼堂、人民广场、洪崖洞等标志性建筑也体现了重庆的历史人文气息。在历史文化符号上，着力深挖巴渝文化、抗战文化，弘扬红岩精神、三峡移民精神等。在现代时尚文化符号上，重庆的现代时尚文化体现在“重庆美女”“重庆夜景”，并以此为依托，不断促进时尚服饰、时尚设计、时尚人才、时尚传播等重要方向发展，不断推进“网红重庆”的现代时尚之路。

（3）凸显重庆城市精神

通过正面教育，培育重庆市民爱国自强的城市精神和坚忍顽强的城市性格；通过经济社会不断向高质量发展的事实，引导重庆人民真切感受到“兼容并包”的重庆城市精神在其中发挥的巨大作用，认识到“兼容并包”的城市精神的价值魅力，从而自觉把坚持和发扬“兼容并包”的城市精神作为追求高品质生活的必由之路；通过诸如江山之城等自然环境熏陶和潜移默化的人文教化，让重庆人民自动化输出的“耿直豪放”上升为有意识主动追求的重庆城市精神，为重庆人民的高品质生活奠定最坚实的精神标志。

5. 政府建设增效工程

良好的政府建设有利于高品质生活的推进和增强市民对于创造高品质生活的信心，政府建设增效工程是促进重庆市高品质生活创造的助推器。

（1）加强服务型政府建设

深入推进重点领域改革，着力构建更加“有效市场”、建设更加“有为政府”。适应新时代经济发展新常态和高质量发展的需要，要从观念上树立服务意识，重点是要通过深化政府职能改革实现从“管制型政府”向“服务型政府”的转变，从“无限责任”向“有限责任”的转变，从“行政管理”向“公共管理”的转变，从“集权行政”向“分权行政”的转变。应积极树立领导干部正确的政绩观，要从全局性的高度、前瞻性的发展视野和可持续发展的要求，实现领导干部正确的政绩与发展观的紧密结合。同时要树立创新意识，尤其是要从经济发展的方式上实现观念的认知改变，把经济发展的质量、效益和速度有机统一。深化评价考核机制，探索领导干部的实绩考核、民主测评、民意调查三维评价机制，创新考核指标设置，改变长期以来在唯GDP论语域下形成的指标体系构架，积极创建适应转变经济发展方式需要的指标，比如生态环境指标、资源开发使用指标、生产安全指标、科技创新指标等。

（2）强化依法行政

可通过学习和教育机制的完善和创新，清除"官本位"的思想，提高公务员的法治素养。完善行政执法体制，通过积极的改革，明确主体和主体职责，特别是做好权责的边界明晰，切实解决"多头执法""交叉执法"等问题；在执法体制上，理顺层级关系，努力减少执法层级，提高执法运行实效。着力规范行政执法程序，着力加强基层执法力度，推进行政决策公开，积极探索和推进行政过程和结果公开化的制度和机制。积极拓展政务公开形式，提高公开质量。当前可从强化政府网站的建设、推进电子政务的建设、拓展政务公开的"触角"（比如建立市民政务中心、政务信息窗口等）发力。

（3）打造数字政府建设

深化大数据、物联网、云计算、区块链等新一代信息技术在数字政府建设中的应用，增强政府决策的科学性和准确性。强化新兴技术支撑，搭建政务应用与服务一体化平台，推动数字化政府的专业性构建，实现数字政府的便捷性。在大的数字政府建设框架下，创新基层服务形式，形成数字政府人人参与的共建共治共享的氛围。

（三）扎实推进"3+4"攻坚行动

推进重庆市高品质生活建设，要扎实推进"3+4"攻坚行动。

"3"为三大扬长行动,"4"为四大补短行动。依托"3+4"攻坚行动,促使重庆走出传统路径依赖,精准施策,发挥优势,弥补不足,全力推动高质量发展,创造高品质生活。

1. 聚焦优势发挥,实施三大"扬长"行动

三大"扬长"行动,主要包括用好独特政策优势行动、深化创新驱动战略行动和持续开展解放思想行动。

(1)用好独特政策优势行动

①把习近平总书记的殷殷嘱托落实在重庆大地上。一是贯彻落实习近平生态文明思想,用好"两山论",充分发挥重庆生态优势。坚决贯彻"共抓大保护、不搞大开发"方针,加快推进产业生态化、生态产业化"两化路",积极探索以生态优先、绿色发展为引领的高质量发展、高品质生活新路子。如筑牢长江上游重要生态屏障,三峡库区腹地的渝东北各区县要携手合作,合力打造长江经济带绿色发展新样板。二是全面落实"两点"定位、"两地""两高"目标、发挥"三个作用"重要指示。如推进新时代西部大开发中,重庆既要推动自身高质量发展,也要主动引领西部地区发展开放,充当"顶梁柱",发挥好支撑作用。

②坚持从全局谋划一域,以一域服务全局。一是国家中心城市的政策红利。重庆要继续充分利用国家中心城市政策优势,强化极核功能,重点在综合服务、产业集群、物流枢纽、开放高地和人文凝聚等方面发挥更大的引领与辐射作用,确保始终走在西部竞争队列的龙头位置。二是全面对接国家战略。全面融入共建"一带一路",进一步加强建设出海出境大通道,促进重庆从内陆走向前沿,走向国际,不断做大高质量发展、高品质生活的"朋友圈"。融入新时代西部大开发战略,将重庆打造成为西部地区建设高品质宜居地的标杆城市,引领西部地区高品质

生活的创造。三是加快融入成渝地区双城经济圈建设。成渝两地将从实际需求出发，破除行政壁垒，打通经济发展“主动脉”，畅通资源流动“大循环”，让各类资源要素有序转动起来。

（2）深化创新驱动战略行动

①继续推进大数据智能化为引领的科技创新。让智能化为经济赋能，为生活添彩。一是抓好智能制造这个方向。必须要把制造业高质量发展摆在更加重要的位置，从技术创新、产品供给、服务优化等多个领域入手，推动传统产业转型升级，大力培育战略性新兴产业，加快推动数字经济与实体经济之间互联互通、深度融合，全面促进现代产业体系的形成，全面提升重庆制造业的智能化、数字化水平，加快建设全国“智造重镇”。二是抓好智慧城市这个关键。大力推动交通、旅游、教育、医疗等各领域的智能化应用，让智能化“飞入寻常百姓家”，加快推进“智慧名城”建设。

②深入推进创新平台建设，优化创新生态。统筹推进国家自主创新示范城区、西部（重庆）科学城等各类创新平台建设，积极引进优质创新资源，实现创新、产业、人才等各链条上的深度融合，营造良好的创新生态环境，打造重庆高质量发展、高品质生活的新引擎。如在培养创新人才方面，重庆要统筹设计，全力打造人才高效集聚与合理流动新高地，唱好人才“双城记”，引导人才创新驱动，以及深度赋能成渝地区双城经济圈高质量建设；突出抓好西部（重庆）科学城建设，重点打造具有全国影响力的科技创新中心。营造良好的创新生态，夯实重庆培育与引进顶级人才、科研团队的基础，促进优质创新资源的聚合与优化，全面激活创新要素与链条。

③靶向施策，推进管理创新。各行政部门的管理要突出前瞻性，重心向前期转移，超前谋划好创新事项的论证工作，真正

做到策划站位高、设计谋划细。政府部门、企事业单位要主动作为，深入研究解决制约项目、人才、技术等创新的卡点、难点问题，精准消除障碍因素，突破瓶颈制约。各政府部门的管理力量要下沉一线，进企业、进项目，全面帮扶、指导好各项合作，用“辛苦指数”提升创新的“幸福指数”。

(3)持续开展解放思想行动

①提高站位，统一思想认识。面向各政府部门、行业领域发起“动员令”，推进思想大解放，强化“高质量发展、高品质生活”新理念。如关于成渝地区双城经济圈建设，重庆方面重点推进基础设施、产业协同、生态环境等七大关键领域的思想解放，让各领域人员进一步行动起来，强化知行合一，着力推动新战略新要求落地见效，从根本上变竞争为合作，形成统一共识。

②聚焦重点，谋划长远发展。加快制定符合重庆高质量发展、高品质生活实际的中长期战略规划，在重大政策、制度、目标的设计与制定上深度对接与融合。分类制定基础建设、产业发展、项目合作、人才交流等各项目标任务，聚焦重点领域与关键环节，发挥市场的作用，构筑利益联结机制，将管理智慧与精力用在抓合作共建的“刀刃”上。

③强化开放，推动深度融合。以更加开放的思维主动融入“一带一路”，服务国家发展战略，积极打造高能级科创、现代产业体系、交通物流枢纽等平台，引导国内外金融机构、科技、产业、人才等资源要素向重庆集聚。同时，鼓励与引导社会组织、企业和人才走出去，参与协同合作。如更好释放科教资源潜力，围绕产业链布局创新链，围绕创新链布局产业链，营造有利于重庆高质量发展、高品质生活的良好环境。推动形成以国内大循环为主体、国内国际双循环相互促进的新发展格局。

2. 聚焦劣势化解，实施四大"补短"行动

四大"补短"行动，主要包括推进调结构强产品行动、建平台拓市场行动、缩差距促融合行动和提素质保平安行动。

（1）推进调结构强产品行动

①从调整结构维度，城市建设方面，要加快产业结构调整，以及经济增长方式的转变，全面推动供给侧结构性改革，不断完善工业体系，壮大第三产业，构建现代产业体系，充分释放经济活力。比如，重庆主城都市区应利用区位、人才、资本、市场等多重优势，积极引入以世界500强企业为代表的智力资金密集型产业，大力发展会展、文创等新兴产业，进一步占据产业链高端地位。农村建设方面，依托乡村振兴战略实施，结合重庆自然资源实际，大力发展山地特色高效产业，推动农业产业结构的调整与优化。

②从强化产品维度，构建良好的品牌发展政策体系与市场环境，做大做强各类产品，唱响"重庆品牌"。如依托"巴味渝珍"，积极打造重庆农产品品牌体系，让重庆绿色生态农产品走向全国；持续优化文旅服务品牌建设，扩大红岩文化、大足石刻等旅游品牌的影响力，让"网红"重庆成为全国，乃至世界的打卡圣地，持久保鲜。

（2）推进建平台拓市场行动

①从平台建设维度，一是结合国家西部大开发、"一带一路"、成渝地区双城经济圈建设等战略举措，借助国际峰会、论坛、博览会等活动，打造重庆高质量发展、高品质生活的高端平台。如充分利用"智博会"的独特平台，加快布局5G产业，着力打造"重庆智造"新名片。二是完善配套服务体系。以文化为例，要统筹推进城乡公共文化服务建设，扎实实施文化惠民、服务群众办实事工程，倡导全民参与，全民学习，全民阅读，建设学

习型、文化型城市，打造“书香名城”。三是加快科技、产业创新基地建设，如两江数字经济产业园、区块链产业创新基地等。

②从市场拓展维度，要顺应市场发展新趋势，增加消费供给，开拓消费渠道，加快构建更加优质，更加高效的“重庆市场”服务体系，优化消费整体环境，让重庆这座集“国际范”与“巴渝风”于一身的时尚之都的消费市场全面激活。如加快推进夜间经济的业态布局，促进夜间市场的蓬勃发展；针对农产品，要借助现代网络技术，采用产销对接、直播带货等多种方式，开拓市场，拓宽渠道。

(3)推进缩差距促融合行动

①从缩小差距维度，一是缩小与其他3个直辖市之间的差距。在经济、社会等方面，对标北京、上海、天津等直辖市，重庆还存在巨大的提升空间。重庆必须要持续全面深化改革，扩大开放水平，加快推动新旧动能转换，增强发展动力活力，加快发展，缩小差距。二是在文化高品质建设上，缩小与四川、陕西等西部省(市)的差距。聚焦城市新媒体产业，加快实施“数字城市”工程，推动新旧媒体的高度融合，重点挖掘移动广播电视等新兴媒体产业潜能，加大培育新媒体产业，打造全市文化产业转型升级新增长极。

②从促进融合维度。一是促进区域融合。对外依托“一带一路”等国家战略，促进重庆与国际的全面接轨，以及与国内各省(市)的深度融合，共建共享。对内依托“一区两群”协调发展规划，促进重庆“一区”与“两群”之间的互动融合。加快新型城镇化进程，完善交通等基础设施建设，推动“一区两群”协调发展，全面推动城乡协调发展，促进城乡优势互补，提质扩容，共赢发展，带动乡村全面振兴。二是促进城乡融合。探索构建城乡

一体融合发展的体制机制和政策体系，全面推动城乡协调发展，促进城乡优势互补，共赢发展。重点要补齐城乡交通等基础设施短板。三是促进产业跨界融合。充分保护和利用好历史文化这个重要资源，积极推动科技、文化、旅游、体育、卫生等各领域的跨界融合发展。

(4)推进提素质保平安行动

①从提升素质维度。要全面提升市民的综合素质，提高党员干部的党性修养。从重庆市高品质生活主观指标测算结果来看，人际关系指标测算数值总体较低。原因在于，重庆在很大程度上深受“袍哥”文化、码头文化的影响。这就需要积极肃清“袍哥”文化、码头文化等不良文化，建设忠诚、干净、有担当的高素质干部队伍，积极营造风清气正的政治生态。

②从保障平安维度，要进一步强化风险意识和底线思维，持续加强重大风险的预测预警能力，超前谋划风险防范工作。持续开展扫黑除恶专项斗争，强力疏堵治乱，全面推动平安重庆建设，切实提高人民的安全感、满意度。如运用大数据智能化，积极推动社会治理现代化，打造一批社会治理现代化的示范乡镇、社区，加快形成共建共治共享的城乡社区治理新格局。

(四)加大政策制度配套保障

重庆市创造高品质生活作为一项系统工程，涉及政治、经济、文化等各个领域、各个方面。要使重庆在创造高品质生活进程中始终保持高位运行，就需要建立相应的政策配套。

1.做好高品质生活发展规划

坚持以人民为中心的新发展理念为引领，统筹做好城市、乡村两篇文章，推进重庆大城大乡共创高品质生活的“幸福协奏曲”。

(1)高起点定位

立足“两点”定位,紧扣“两地”“两高”目标要求,全面做好重庆市高品质生活发展总体规划,打造高质量发展的“重庆样板”,全面提升内在“气质”,提高外在“颜值”。

(2)高目标指引

牢固树立“一盘棋”,整体推进,分类指导。依据经济、文化、社会、生态、治理等五大板块,分类谋划各领域高质量发展的顶层设计。比如,针对文化产业,重庆要进行全面摸底调研,打造一批特色文化产业样板项目,“以点带面、以点穿线”,充分发挥示范效应。同时,根据“一区两群”协调发展总体布局,对重庆市文化产业实行分区域、分层次、分阶段进行有效指导。

(3)高质量建设

抢抓重大战略布局带来的历史机遇,加快推进经济、社会、生态等各个领域发展的总体规划,统筹引领高品质生活的创造。比如,依托抓成渝地区双城经济圈建设的重大利好,携手成都共建具有全国影响力的科技创新中心,助力成渝地区各产业的转型发展,促使成渝地区双城经济圈在全球产业价值链中的角色升级与位势提升。

(4)高标准实施

根据创造高品质生活的阶段性特征,细化目标任务,完善跟进监督机制,坚持“一步一个印”,推动重庆市高品质生活发展规划的有步骤、有计划分别实施,协调推进。

2.制定高品质生活发展新规

高品质生活的内涵和标准是动态发展的,应根据经济社会的发展和进步,确立高品质的目标要求。

(1)契合重庆市创造高品质生活要求,进一步完善总体发展战略和规划管理

按照三年一个周期,明确发展目标、重点任务和主攻方向,年度滚动推进落实,确保高质量发展、高品质建设每年都有明显进展。

(2)设定创造高品质生活标准的"重庆体系"

创造高品质生活的发展目标是一项综合性的指标,囊括经济、政治、文化、社会、生态、治理等各个方面。有关部门要组织专家,参照国际标准,借鉴国内经验,构建符合重庆创造高品质生活实际的特色标准体系。同时,建立重庆市创造高品质生活统计监测机制,精准把握建设进程。

(3)打造高品质生活方式

一方面,充分利用人工智能、物联网等新技术,延伸基层服务链,打通"最后一公里",突破创造高品质生活的"中梗阻"。另一方面,加强宣传力度,引导人们自觉追求高品质生活方式。如深入推进农村"厕所革命",切实改善居民环境,保障广大人民群众的健康;强力推进垃圾分类,改善城乡环境,促进资源的回收与利用;深入推进节约型单位、勤俭式家庭的创建,减少浪费,打造节俭节约的"重庆标杆"。

3. 健全高品质生活工作制度

加强制度建设是创造高品质生活至关重要的一环,应本着科学、管用和前瞻原则,建立健全相关制度和规则。

(1)健全相关法律法规体系

从实践经验来看,高品质生活的创造很大程度上受益于完备的法律法规体系。要依托《中华人民共和国民法典》,高质量做好重庆配套立法工作。一方面,做好减法。要对标《中华人民共和国民法典》,系统深入开展重庆地方性法规专项清理行动。

特别是与《中华人民共和国民法典》的原则、规定不相一致的，要明确具体的修改或废止时间表，彻底清理。另一方面，做好加法。要补充完善地方性法规，促使《中华人民共和国民法典》中的新规定在地方性法规中充分体现。比如，关于环境污染和生态破坏责任等方面，重庆地方性法规必须对标《中华人民共和国民法典》的新增内容进行补充，完善环境保护相关条例。全方位推进重庆法制建设，让更加健全的法律体系成为创造高品质生活的有力保障。

(2)夯实基础制度建设

以规范操作流程、消除管理盲区、摒弃多头管理为重点，加强内控体系建设。各级政府、职能部门等行政主体，必须全面厘清工作职责，细化监管要求，规范工作流程，重点对现行的管理制度、工作流程、操作规范等进行再梳理、再优化，对各项制度执行中发现的薄弱环节、空白地带，及时“打补丁”，填补缺失制度，确保各项工作高效化、创新化开展。

(3)加强工作质量管理

建立系统科学实用的工作标准和制度体系，以精细化、标准化、模板化为重点，结合数字化、智能化应用，促进高品质生活创造效率大幅提升。如关于行政效能提升问题，需要行政部门在实践中提高站位，保持信息对称、实现资源共享、发挥优势互补，加强部门协作，善于从整体和全局的角度来统筹协调，建立大统筹、大协调和大合作的建设体制和运行机制。

(4)全面深化群众监督管理机制

实施全方位、全过程、全天候群众监督管理，建立和完善群众监督管理工作的长效机制；持续健全完善群众监督管理队伍建设，切实发挥群众监督、舆论监督的重要作用。

附件1:国内外相关研究概述及启示

课题组从国内外创造高品质生活的做法及启示以及国内外相关高品质生活评估等方面对国内外相关研究进行系统梳理和概述。

一、国内创造高品质生活做法及启示

(一)创造高品质生活的做法

近年来,全国各地区围绕“推动高质量发展、创造高品质生活”,已开展了众多卓有成效的工作,以下重点选取东部地区的上海市、中部地区的武汉市、西部地区的青海省为例进行探讨。

1. 东部地区以上海市为例

上海市“致力打造高品质生活,让所有工作和生活在上海的人们都能感受到这座城市带来的获得感、幸福感和安全感”,着眼市民对于教育、卫生、就业、养老、住房等基本公共服务的更高要求,着眼未来城市对生态环境的更严标准。[①②③]

---

①阎加林.上海实现高品质生活的内涵、特征和实施路径[J].科学发展,2020(01):100-107.

②韩骥.上海实现高品质生活的内涵、特征及其实施路径[J].科学发展,2019(08):100-108.

③吴苏贵,钱洁.在新一轮改革开放中创造高品质生活——2019年上海社会民生工作新思路[J].科学发展,2019(03):98-107.

（1）教育方面

一是学前教育扩容提质。在建设方面，2018年，上海市完成30所幼儿园的改建任务，形成了“1+2”托育服务管理体系，托育服务水平显著提升；贯彻落实“全面二孩”政策，深入调研学前教育资源建设和配置总体情况，大力改善学前教育发展条件。二是义务教育发展更加优质均衡。2017年，上海市启动实施城乡学校携手共进计划，优化城乡教育资源，全面推动学区化集团化办学。三是特殊教育规划进一步落实。拓展特殊教育，覆盖与延伸中职阶段，持续完善特殊教育评估机制，特色教育品质明显提高。四是职业教育培养试点稳中有进。全面推进国际水平教学标准的开放与试点，现已启动第一批（4个）国际水平教学标准的开发与试点，上海工艺美术职业学院、上海济光职业技术学院、上海市建筑工程学校等入选教育部第三批现代学徒制试点。五是教育对外合作交流不断加强。推动联合国教科文组织、上海合作组织、国家海事教师联合会等国际组织在上海建立中心、基地等，不断扩大教育对外开放，引导教育深度对接与服务“一带一路”倡议。

（2）医疗方面

一是医疗机制深化改革。综合补偿机制、医疗服务价格改革、公立医院医疗服务评价等方面制度创新与改革取得较大进展，形成良好态势。二是医疗服务水平稳步提升。持续优化高品质医疗资源和短缺资源配置，比如，康复医疗服务、妇幼保健等；高度重视人才培养，持续加强医疗重点专科建设，药学服务转型发展取得长足进步；推进长三角地区共享优质医疗资源，启动异地就医门诊直接结算试点，江苏省、浙江省、安徽省3省8个统筹区与上海市初步实现互联互通门诊直接结算。三是“上海特色”工作机制基本形成。长期探索实践中形成诸多独具上海特色的工作机制，比如“关口前移和及时救治”“妊娠风险评估和预警”等，已成为样板，在全国产生一定影响，并得到推广。

（3）就业方面

一是就业岗位持续增加。面对中美贸易摩擦的消极影响，积极采取应对策略，各项就业措施落实到位。数据显示，截至2019年前三季度，上海市新增近56万个就业岗位，其中，战略新兴产业岗位占比超过30%，达17.62万个。全面推动“大众创业、万众创新”，以创业带动就业成效良好。二是人才引进更加多样。持续完善人才引进梯度化政策体系，重点抓好居转户透明办证，对审核标准、办事流程、申办材料等进行精准设定。三是加强职业技能培训。公布补贴培训标准和目录，提高长护险，加大养老护理服务人员技能培训力度。

（4）住房方面

一是进一步降低廉租住房准入标准，持续扩大保障覆盖范围，实现应保尽保。二是不断完善共有产权保障住房制度，出台《关于进一步完善本市共有产权保障住房工作的实施意见》，扩大共有产权房的分配范围，非户籍常住人口首次被纳入其中；扩大非户籍住房困难家庭纳入保障范围，比如持证年限较长、学历层次高等。三是着力提升公共租赁住房管理水平，公租房租赁总年限期满“柔性退出”等系列政策相继推出。

（5）养老服务体系方面

一是实施项目顺利推进，养老服务供给持续加强。如2018年和2019年，相继开展和完成了“新增7000张养老床位”项目、“改建1000张失智照护床位”项目等。二是完善医养结合体系建设。健康老龄化工程、多家国家医养结合试点、养老机构内部设置医疗机构等系列创新性举措引领全国，同时，深入开展医养结合能力建设专题培训，建立健全国家医养结合数据监测平台。

三是养老服务队伍进一步壮大，职业能力不断提高。加强养老机构医师、护士队伍建设，持续优化资格评定与注册管理流程，激发医生、护士等专业人员活力，鼓励多点执业。与高等院校深入合作，提高其管理及服务技能水平。

2. 中部地区以武汉市为例

武汉市围绕“推动高质量发展、创造高品质生活”目标，在重点产业和领域发展、新动能培育、营商环境打造等方面开展了相关工作。[①]

（1）充分释放重点产业和领域的引擎作用

近年来，武汉市统筹做好“存量”与“增量”两篇大文章，加快推动传统产业升级。一是结合自身优势，重点培育与集中发展信息技术、生命健康、智能制造三大战略性新兴产业，实现产业整体升级，努力向价值链中高端跃进。二是整合资源，将产业板块和创新平台摆在更加重要的位置，重点建设国家存储器、国家航天产业、国家网络安全人才与创新、国家新能源和智能网联汽车等四大产业基地。三是加快产业集群集聚发展，实施“万千百工程”，重点打造万亿级光电子信息产业，培育与壮大一批准百亿企业，持续增强经济发展后劲。

（2）积极培育新动能

在全国率先出台系列配套政策措施，全力破除体制机制的约束与障碍，实施中小企业培育、管理能力提升、融资服务优化、民营企业家成长四大工程，着力营造发展环境促进新民营经济快速发展。实施“四大资智聚汉工程”[②]，加快发展校友经济、菁

①许甫林.从武汉实践看高质量发展[J].中国经贸导刊，2018(13)：40-42.

②四大资智聚汉工程：“百万大学生留汉创业就业工程”“百万校友资智回汉工程”“高校科研成果转化对接工程”“海外科创人才来汉发展工程”。

英经济、院士经济、“海归”经济等新经济，提升人才对“推动高质量发展、创造高品质生活”的贡献率。①

（3）全力打造最优营商环境

地方经济高质量发展取决于营商环境，也是所谓的“先手棋”和“当头炮”。近年来，武汉市在打造优质营商环境上下了真功夫、大力气。重点深化“放管服”改革和法治政府建设，比如，精简机构、简化流程、提高效率，全市“马上办”“网上办”“一次办”事项实现率分别为50%、45%、80%，减少市级事项办理时间，极大提高了办事效率。武汉投资环境不断提升，在全国率先整治“新衙门作风”，清除机关积弊，纵深推进基层作风巡察。由此，武汉市的影响力和知名度不断提升，在“中国最具幸福感的省会城市和直辖市”大数据调查中，荣登“中国十大幸福城市”榜位。

3.西部地区以青海省为例

青海省紧扣社会主要矛盾转化的具体体现，做出了实施“坚持生态保护优先，推动高质量发展，创造高品质生活”的战略部署。②

（1）坚持以人民为中心

坚持以人民为中心的发展思想，坚持人民至上，把握好人民群众的需求变化，维护好人民群众最关心、最直接、最现实的利益。实施投资于人和幸福民生战略，从短板、品质、均衡三个方面重点发力，创新公共服务供给，提升公共服务供给质量，始终关注民生，倾力在教育、分配、医疗、养老、住房等方面不断取得新发展，实现全民共享、全面共享、共建共享、渐进共享，奋力谱

①许甫林.武汉：加快新兴产业布局把握高质量发展脉搏[J].中国战略新兴产业，2018(21)：70-73.

②杨皓然.青海创造高品质生活现实路径选择[J].党的生活(青海)，2018(11)：11-13.

写建设富裕文明和谐美丽新青海的华美篇章。①

(2)坚持生态保护优先

经济高质量发展也要突出生态保护优先,高质量谋划产业布局,统筹发展具有青海特色的地方产业,促进现代绿色产业体系的形成。把生态文明建设放在突出位置,推动形成绿色发展方式和生活方式,形成人与自然和谐发展的现代化建设新格局。对经济发展、高品质生活创造、生态保护与治理等统筹推进,不断健全完善法律法规政策制度,让广大人民群众公平参与经济等各个领域建设,享有机会平等,确保改革发展的成果覆盖更广,惠及广大人民。

(3)提高政府公共服务能力与水平

重点加强基层民主政治建设,深化政府服务能力建设,改进作风建设,切实提高社会治理的品质。深入宣传与贯彻落实近年来党和政府制定出台的发展政策和惠民政策,促进全社会优质资源与各类要素的合理流动,形成社会发展与进步的强大合力。统筹多元主体共同参与,协同推动"多元共治",满足人民群众对民主、法治、公平、安全等各领域的新需求、新期待。②

(二)创造高品质生活的启示

通过对国内创造高品质生活建设任务的经验进行总结,课题组得出以下具体经验。

1.创造高品质生活要始终坚持党的领导

中国共产党作为领导核心,必须发挥总揽全局、协调各方的核心作用,明确"推动高质量发展、创造高品质生活"建设的工作

①孙发平."一优两高"战略的理论贡献与实践价值[N].青海日报,2018-09-03.

②汪丽萍.努力创造高品质生活[J].党的生活(青海),2018(09):26.

方向、重点难点、主要目标等。在任务推进的过程中始终要坚持党的领导，将党的经济高质量发展和高品质生活相关战略、政策一以贯之，坚持走高质量发展之路，推动经济持续向好，创造具有中国特色的高品质生活。

2.创造高品质生活要找准方向

“推动高质量发展、创造高品质生活”任务的实施就是为了发展中国特色社会主义事业。实践中，重点要找准正确的发展方向，结合政治、经济、文化等各个方面的实际，制定符合自身发展特点的高品质生活建设策略与推进目标，切实有利于中国特色社会主义制度、理论体系的丰富与完善。

3.创造高品质生活要突破障碍

“推动高质量发展、创造高品质生活”任务从制定到实施推进中面临诸多现实的障碍与问题。一方面，在制定任务时，要重点把握针对当前国际局势，以及国内发展现状，提炼与总结重要问题，以解决问题为导向，确定目标任务。另一方面，在任务推进中，重点解决好宏观战略与落实措施、人才队伍等现实难题。尤其要注重转变经济发展方式，加强人才队伍建设，强化创新驱动，以适应创造高品质生活的总体目标任务。因此，如何选择合适的经济发展方式，如何构建与任务建设目标相匹配的文化内容等，就需要瞄准任务建设目标和需求突破障碍。

4.创造高品质生活要有序推进

“推动高质量发展、创造高品质生活”任务的提出遵循了科学发展思路，结合当前发展问题，按阶段划分目标任务。尤其注重对各阶段的任务内容进行统筹安排。也要从全局的视角系统考虑目标任务的全面规划，形成科学有序的推进机制。按照重庆创造高品质生活的总体要求，将目标按单项考核指标分解落实到各部门，明确牵头、责任部门主体责任。

5. 创造高品质生活要协调配合

“推动高质量发展、创造高品质生活”不是单一的、暂时的、阶段性的建设任务，它是一个长期性、系统性的工程，除了要实现任务推进建设过程中的社会、经济、文化、制度等各要素以及各利益主体之间的协调发展，还要实现各要素间、各利益主体间的相互配合，充分发挥各类主体、要素的特色优势，实现优势互补，发挥协同效应，进而实现创造高品质生活的全局发展。

6. 创造高品质生活要重视创新

“推动高质量发展、创造高品质生活”的提出和实施是为了适应当前社会的发展需要。在创造高品质生活过程中，会面临新的机遇和挑战，要重视创新的能力，要从降低风险出发，在推进中制定详细的且有预见性的措施，从而最大限度地畅通发展通道。同时，要在推进过程中注重创新能力的培养与提升，特别是推进制度和方法的创新，培育创新环境，充分调动一切力量解决高品质生活建设中的各类问题。

7. 创造高品质生活要重视制度建设

在“推动高质量发展、创造高品质生活”任务的推进过程中要健全完善创造高品质生活的配套制度，以保障各项工作有序推进，规范与促进各项工作的正常运行；注重深化制度改革与创新，在此过程中形成目标与任务相衔接、结构与要素相平衡、方法与措施相适宜的战略推进体系。

二、国外创造高品质生活的做法和启示

近年来国外许多国家在创造高品质生活方面有不少创新性的做法和探索，这对于我们建设高品质生活具有积极意义。

(一)创造高品质生活的做法

国外创造高品质生活的做法有如下几个方面。

1.高品质生活评价方面

英国智库——新经济学基金会(The New Economics Foundation)针对英国公民生活满足度评价方面,提出了“全球幸福星球指数”(Happy Planet Index)的概念,该指数包含生态和环境保护、国民平均寿命和生活满意度三个指标。该指数的计算公式如下:

幸福星球指数=生活满足程度×寿命÷生态足迹(式1)

“全球幸福星球指数”可从一定程度上反映居民在高品质生活方面的综合水平。

2016年,德国政府提出了包含我们的生活、我们的国家、我们的环境3大部分,涉及健康生活、好工作与公平共享、教育机会均等、兼顾事业与家庭、稳定分配、安全与自由生活、承担全球责任与保障和平、自由与平等生活、自然环境保护、增强经济实力与增加未来投资、家庭幸福与社会和谐、城乡宜居等12个维度,出生人口期望寿命、肥胖率、医疗卫生服务供给、护理质量(占位指标)等48项子指标来评估高品质生活。另外,不丹政府还提出了“国民幸福指数”的概念,“国民幸福指数”从社会的4个角度出发,即将政府善治、经济增长、文化发展和环境保护作为“国民幸福指数”的一级指标,进而衍生出9个二级指标,每个指标包含7-12个不同的子指标,共计72个子指标。此外,法国在2009年9月公布了国民幸福指数(GNH)测度体系。该套指标体系具体包括8项1级指标,即健康(人民生活质量、寿命长短、死亡率、发病率),教育(根据人民的竞争力加以衡量),个人活动(包括有薪工作、无薪工作、交通、休闲、提供个人活动的住房),

政治表达与治理(包括参与决策、意见提出),社会关系(包括他人信任度、社会孤立感、受信任度),生活环境(包括因空气污染致死率、因污水饮用致死率、因噪声污染影响人数、环境灾难影响水平、个人对环境的感受),人身安全感(包括面临危险程度、犯罪率、事故、自然灾害),经济不安全感(包括失业率、生病率、老龄化率)。

2. 交通方面

交通出行关系到民众的切实生活,更关系社会的高质量发展,以及民众的高品质生活创造。西方一些国家通过对已有基础设施进行改建,实现交通量的有效控制。重点做好交通基础设施的总体设计,比如,通过设置渠化岛、减速带等措施,合理限制机动车辆,让街道空间的使用回归行人。在欧洲,步行专用区开始较为广泛应用,商业区禁止车辆出入,步行者友好型环境已被各个城市所认同,并积极推行。在纽约,创新运用先进的移位左转规划模式①提升交通通行效率,改善与优化交通管理。在日本,政府有机结合土地利用与交通建设双重需求,实行以轨道交通为主的交通发展模式,重点发展与推动公共交通,较好地缓解了民众上下班通勤时间,获得了社会民众的一致认可和满意。

3. 环境方面

国外创造高品质生活高度重视社会生态环境建设和管理,致力于民众生活获得感、幸福感的提升。如日本东京高度重视

①移位左转(DLT Displaced Left-turn),是解决左转车流的交通组织手段之一,作为一种不同于传统交叉口设计的新型设计方法,其能缓解交叉口左转和直行的冲突问题,通过将左转车道渠化转移设置,重组道路断面,将左转进口车道转移至出口道的左侧,使对向左转与直行车辆同时放行,减少了相位数,缩短了周期时长,提高了左转及直行车辆的绿信比,从而改善了交叉口的通行效率。

生产、生活中的节能减排、环境绿化、生态环保等。法国巴黎市政府在城市用地十分紧张的情况下,依然增加绿地、花园和树林,改善人们的生活环境。英国伦敦推出了《空气质量战略》以减少道路交通污染的五大新政策。美国纽约全面优化城市总体布局,将数据共享与开发有效融入城市发展,打造智慧城市,全面提升市民的生活品质。

4.社会服务方面

国外社会公共服务体系的建设和运行关系到民众日常生活,对民众的生活满意度、满足度,构建高品质生活具有重要影响。一是在养老服务方面,积极发展和完善养老服务模式,建立了比较完善和各具特色的养老金制度。如韩国准确把握不同层次老年人的服务需求,创新发展各种类型与形式的养老服务。日本养老服务更加立体,重点指向居家养老,包括家庭照护、访问指导及护理工作、技能训练等。德国通过护理保险制度帮助老人安享晚年。二是在医疗服务体系建设方面,美国医疗保险制度主要分为两大医疗保险类型,即商业医疗保险和社会医疗保险,形成十分严格的医疗费用监控机制。德国在医疗保险制度中积极鼓励多元竞争和强调自我管理。三是在教育培训体系建设方面。英国各地政府建立就业中心,为当地的失业者提供完全免费的就业指导与服务。韩国延续了创造工作岗位的传统方法,并且依托劳、资、政三方协同合作,建立再就业支援中心。美国推出了《人力开发与培训法》,社会其他力量则采取捐赠等方式资助公共就业服务,企业则承担新招聘职工岗前培训的责任与义务。

(二)创造高品质生活的启示

1.创造高品质生活要始终以人民为中心

创造高品质生活来源于广大民众的需求,最后的成果也要回归于广大人民群众。所以,创造什么样的高品质生活,如何创造高品质生活等问题要紧紧围绕广大民众而开展,要围绕创造高品质生活的议题与民众进行直接对话,多渠道倾听与了解民意,创建主客观评价相结合的科学合理的指标体系。

2. 应以发展的视野认识和理解创造高品质生活的范围

创造高品质生活涉及方方面面,此概念是基于对国外"创造高品质生活"相关研究成果的分析,对"社会民生改善"或"提高生活水平"概念的一种延伸或拓展。当然,"创造高品质生活"概念不是一成不变的,而是具有开放性的特征,伴随时代、观念的变化而变化。即需要在创造高品质生活的研究中不拘泥于表面或者物质化因素,应从系统的角度去思考创造高品质生活的范围。

3. 应构建一套高品质生活评价指标体系,从而综合全面且系统科学地对高品质生活水平进行评价

通过对国外"创造高品质生活"相关研究成果的分析来看,国际社会创造高品质生活评价领域呈现"超越GDP"的改革探索趋势,由此需要构建一套高品质生活评价指标体系。

三、国内外相关高品质生活评估体系研究概述与启示

(一)相关评估体系研究概述

高品质生活指数是一个新话题,目前国内外关于高品质生活指数的直接研究较少。通过对当前国内外相关研究进行总结发现,与高品质生活指数相关的研究是生活质量指数,国内外学者对生活质量指数开展了广泛深入的研究,这些研究可以为本课题高品质生活指数的构建提供重要的参考价值。

1. 生活质量指标体系

生活质量与高品质生活相关度最高，国内外有大量的学者研究了生活质量指数的问题。“生活质量”概念为美国学者加尔布雷斯（Galbraith J.K）所首创，在其代表作《富裕社会》（1958）中首次提出，自此开启了“生活质量”这个领域的相关研究。他认为生活质量是个体对生活的主观体验，生活质量的主要内容包括满意度和自我价值的实现度[①]。

20世纪60年代后，国外学界掀起生活质量领域研究的热潮，特别是生活质量测度和指标体系等方面，研究成果颇丰。但初始阶段，大多数学者将GDP作为衡量生活质量的唯一指标，随着经济社会的发展，GDP这个指标受到了越来越多的质疑。GDP无法反映小孩的健康、教育的质量、收入分配状况（Robert Kenedy，1968）。后来的学者相继提出了大量新的指标对GDP指标进行补充完善，从绿色GDP指标（Cobb & Cobb，1994）到真实发展指数（Cobb Goodman & Wackernagel，1999），指标更加细化，考虑更加全面。比如，真实发展指数重点考虑了家庭劳动、教育状况、环境污染、空气质量等方面，旨在衡量经济社会发展的真实情况。Veenhoven（1996）补入两项指标，即人均预期寿命和生活满意度，首次提出幸福预期指数。荷兰是最早建立生活质量指标的国家之一，在2000年SCP发布的荷兰中央规划局《社会及文化报告》中，将生活质量指标体系划分为政治和经济发展、人口老龄化、公共领域、劳动市场、卫生健康、教育、公平、社会保障、住房、闲暇、媒体与文化等10多个领域。[②]经济合作与发

①John Kenneth Galbraith.The Affluent Society，Mariner Books，1958-10-15.

②胡芳.荷兰生活质量指标体系及对我国的启示[J].广东工业大学学报（社会科学版），2007（01）：20-22，43.

展组织（OECD）立足于欧洲国家社会福利、生活喜好以及个体感受，建立了独具OECD特色的“幸福生活”指标体系，该指标系统主要从生活质量和物质条件两个方面进行指标体系的设计，其中生活质量有8个一级指标，分别为健康状况、工作生活平衡、教育与能力、社会联结、公共参与及治理、环境质量、个人安全、主观幸福感，一级指标下设15个具体二级指标；物质条件则有3个一级指标，分别为收入与财富、工作与报酬、住房，一级指标下设9个二级指标。[①]德国建立的品质生活指标体系（2016）主要从品质生活的12个维度中选取与设计48项具体指标，涉及内容丰富。[②]目前，国外学术界有人类发展指数（HDI）、社会进步指数（ISP）、幸福指数（WBI）、社会发展指数（SDI）、美好生活指数（BLI）等五种常用指数体系。Delhey等（2013）对国外常用的5种生活质量评价指数进行研究发现，仅有美好生活指数效果优于GDP指标，其余4种指数衡量效果均不佳。

近年来，国内学者也对生活质量指标体系做了相关深入研究。一是关于生活质量指标构建的理论依据方面。武汉大学周长城和吴淑凤（2001）[③]认为，要建立内涵丰富、涉及范围较广的人民生活质量指标体系，他们认为必须要以人本社会发展理论、市场经济理论、系统工程理论、可持续发展理论等科学理论为重要依据，使人民生活质量指标体系的构建更具科学性和系统性。二是关于生活质量指标构建的原则方面。周长城等（2001）[④]认

①程子非.OECD国家打造高品质生活的经验及启示[J].社会政策研究，2019(03)：90-100.

②石彬.德国品质生活评价指标体系构建及其对上海的借鉴与启示[J].科学发展，2019(06)：105-112.

③周长城，吴淑凤. 建立人民生活质量指标体系的理论依据[J]. 武汉大学学报(社会科学版)，2001(03)：381-385.

④饶权，周长城.关于生活质量指标问题的探讨[J].宏观经济管理，2001(08)：39-40.

为,对人民生活质量水平的测量必须要遵循一定原则,必须要考虑主客观指标和应用指导性原则,使生活质量测评过程具有可测量性、基于现存数据、支付得起、基于时间序列、快速可观察性、变化敏感、广泛可接受、易于理解和具有平衡性。上海市城市社会经济调查队课题组(2002)认为,城市居民生活质量评价指标体系设计必须要坚持全面性与代表性相结合、可比性与特殊性相结合、前瞻性与可行性相结合的基本原则。[①]三是关于生活质量指标体系的构建方面。国内学者积极探索建立适宜衡量我国居民生活质量的指标体系,目前学界仍未形成统一共识。如上海市城市社会经济调查队课题组(2002)所构建的主客观两个评价体系,其中,客观评价体系包括9项二级指标和36项三级指标;主观评价体系则涉及12项指标。[②]湖南大学彭念一等(2003)探索构建的生活质量评价体系涵盖了收入、消费、教育等8个领域,依托该指标体系对44个不同国家的生活质量统计进行测算,结果显示我国几乎处于末端,位列第42,尚属生活质量较低型国家。[③]浙江大学范柏乃(2006)研究构建的生活质量评价体系包括收入、消费、居住、健康等10个领域64个指标。周长城(2009)出版的《生活质量的指标构建及其现状评价》一书,在原有客观生活质量指标体系的基础上进行重构和完善,并设计了相应的主观生活质量指标体系。[④]国家信息中心魏颖等

①上海市城市社会经济调查队课题组.城市居民生活质量评价指标体系的构建[J].上海统计,2002(12):16-19.

②上海市城市社会经济调查队课题组.城市居民生活质量评价指标体系的构建[J].上海统计,2002(12):16-19.

③彭念一,李丽.我国居民生活质量评价指标与综合评价研究[J].湖南大学学报(社会科学版),2003(05):21-25.

④周长城.生活质量的指标构建及其现状评价[M].北京:经济科学出版社,2009:09.

(2019)从构建居民生活质量的大数据指标体系出发，构建了涵盖日常购物、餐饮体验、交通服务、科教文化、医疗保健、便民服务、休闲娱乐、公共设施等8个一级指标、16项二级指标和27项三级指标的居民生活质量评价指标体系。[①]此外，还有一些学者也采用类似方法，对我国地方省市生活质量进行评价，如吉林大学陈英姿等(2011)、内蒙古财经大学刘阳等(2013)、西北师范大学张亮等(2014)。

2. 美好生活指标体系

党的十九大以来，大量学者从美好生活的基本内涵、美好生活需求指标的构建原则和美好生活的指标体系构建方面进行了深入研究。一是关于美好生活的内涵。部分学者基于马克思的视角解读美好生活的科学内涵，如北京大学张懿(2018)、上海财经大学汪青松等(2018)、上海财经大学章忠民(2019)、北京化工大学袁富民(2019)、陕西师范大学董辉等(2019)、华中科技大学欧阳康等(2019)。此外，还有学者从社会学视角以不同的维度对美好生活的基本内涵进行解读，如中共中央党校龚维斌等(2019)、上海师范大学晏辉(2019)。二是关于美好生活需求指标的构建原则，河南牧业经济学院石岩(2018，下同)认为，美好生活需求指标的构建必须坚持简明科学性、综合系统性、数据可获性和动态可比性的原则。[②]浙江工业大学杨延圣(2018，下同)认为在人民美好生活指标体系构建中必须要坚持本土化原则、关键性原则和实用性原则三个方面。[③]三是关于美好生活指标

①魏颖，刘厉兵.居民生活质量大数据指标体系的构建与运用[J].中国经贸导刊，2019(16):15-17.

②石岩.人民美好生活需求指标体系的建立与应用[J].中国市场，2019(06):20-21.

③杨延圣.人民美好生活需要衡量指标体系的构建——一个初步的分析框架[J].观察与思考，2018(04):76-82.

体系的构建方面。哈尔滨工程大学刘希宋等(2010)从城市居民生活美好出发,构建了城市居民生活美好指数评价指标体系,包括优越、富裕、和谐等一级指标10项,二级指标23项。[①]国家发展和改革委员会国际合作中心吴维海(2018)从财富、情感、健康、尊重、自由、民主、法制、公正、开放9个维度进行分析,从组织和个人层面进行指标体系的构建。[②]杨延圣(2018)设计三个层级指标:第一层级为一级指标,即总指标为人民美好生活需要;第二层级指标为二级指标,共5个指标,分别为经济信心、社会和谐、生态文明、文化丰富、政治善治;第三层级为三级指标,共15个。[③]石岩(2019)认为,人民美好生活需求指标应从目标层、准则层和指标层三个层面进行构建。[④]浙江工业大学方巍(2020)以文化视角切入,遵循和谐社会原则,以个人生活保障、文化精神生活、公共生活保障、社会生活环境、人伦关系诉求等一级指标5项,二级指标20项和三级指标20项提出了美好生活指数的构成。[⑤]

3. 高品质生活指标体系

在高品质生活方面,各地区学者根据地区的特征,提出了创造高品质生活的建议,如青海民族大学汪丽萍(2018)、重庆市委党刊全媒体唐余方等(2018)。关于高品质生活指标体系,国家

---

①刘希宋,李文庆,喻登科.城市居民生活美好指数的测量及分布公平研究[J].统计与决策,2010(01):85-87.

②吴维海."美好生活"内涵与"美好生活指数"研究[C].新时代学刊,2018(1):55-58.

③杨延圣.人民美好生活需要衡量指标体系的构建——一个初步的分析框架[J].观察与思考,2018(04):76-82.

④石岩.人民美好生活需求指标体系的建立与应用[J].中国市场,2019(06):20-21.

⑤方巍.文化视野下的中国特色美好生活评价指数[J].社会科学,2020(01):102-111.

发展和改革委员会宏观经济研究院丁元竹(2007)以生活品质为导向提出其评价体系,包括居民环境与居住条件、生活出行与公共安全、社会保障与医疗健康、教育与文化娱乐、社会公平与社会参与5个方面的内容,包含了44项具体衡量指标。[①]上海财经大学徐国祥教授(2019)则针对上海,建立具有上海地方特色的高品质生活评价指标体系,该指标体系分解为获得感、幸福感和安全感3个目标层次和81个具体指标。[②]重庆市委宣传部调研组(2020)推出成渝地区打造具有全国影响力的高品质生活宜居地建议指标体系,具体包括6个一级指标,26个二级指标。其中,10个指标为约束性指标,16个指标为预期性指标。重庆市统计局从主客观两个维度入手,探索建立了重庆市创造高品质生活监测评价指标体系,以美好生活与和谐环境2项一级指标出发,构建了二级指标6项,客观指标35项,主观指标25项。[③]同时,一些学者也采用类似方法,对地方区县居民生活品质生活进行指标体系的构建,如周长城(2006)、宁波市统计局李丽(2014)、中共重庆市涪陵区委党校倪春华(2019)。

(二)相关研究的启示

目前,也有学者按照国外评价指标的标准衡量我国的生活质量评价指标,正是因为考察对象的具体情况不同,研究结果差异较大,衡量效果出现较大偏差。高品质生活与生活质量和人们对于美好生活的追求具有密切联系,从对生活质量指标体系和人民美好生活需求指标体系的构建指标中体现高品质生活,

---

①丁元竹.论生活品质及其评价体系的构筑[J].开放导报,2007(03):45-49+1.

②徐国祥,张正,苏杰.上海高品质生活评价指标体系研究[J].统计科学与实践,2019(06):9-13.

③重庆市统计局.重庆统计分析与研究[M].北京:中国统计出版社,2019.

从而为高品质生活指标体系的构建提供重要借鉴作用。

从研究内容上看，这方面的指标体系建设主要围绕经济、政治、文化、社会和生态文明5个方面进行。经济领域主要集中于对GDP发展的不同指数，其他方面涉及较少；政治领域主要集中于民众的参与度方面，对于民众对政治满意度的指数设计较少；文化领域内容较为全面；社会领域方面内容广泛，但是指标内容上有所偏重，在教育方面目前没有发现关于学前教育方面的指标；生态文明领域上主要从自然资源、环境质量和生态建设进行指数设计，总体来说重在客观指标而缺少主观指标。

OECD国家"美好生活指数"（Better Life Index）、联合国人类发展指数（Human Development Index）等指标体系在衡量生活质量时大多只采用了客观指标，没有融入人民对生活的主观感受。高品质生活是客观物质和主观感受的统一。虽然生活质量指数能够为高品质生活指数的构建提供参考，但是高品质生活指数不等于生活质量指数。重庆市统计局发布的关于重庆市创造高品质生活监测评价指标体系，以美好生活和和谐环境两个维度出发进行高品质生活的指标体系构建，同时也参考了徐国祥教授编制的上海高品质生活评价体系。虽然后者可以为本课题提供有益的参考，但是在编制指数过程中融入了许多上海特色，而高品质生活指数应该是具有全国性。因此，有必要从更高层面，系统性建立面向全国的高品质生活评价指标体系，从而更好地为现代化经济建设提供服务支撑。

附件2:高品质生活指数的计算方法

高品质生活指标评估体系需要转化为高品质生活指数才能对高品质生活进行评估。高品质生活指数的计算涉及两个方面,一方面是高品质生活评估指标体系分值的确定,另一方面是高品质生活评估指标体系权重的计算。

一、高品质生活评估指标体系分值的确定方法

课题组研究了评估指标的评分标准和计算方法,确定了主观指标和客观指标的计分方法。在主观指标和客观指标得分基础上,采用线性加权综合法模型计算了高品质生活的综合值。课题组将高品质生活所有评价指标综合值确定为100,对于不同类型的指标采用不同的计算方法。

同时,将客观指标分为正向指标、逆向指标和适度指标。正向指标例如人均GDP、社会保险综合覆盖率等,这类指标本身取值越高越好。逆向指标例如城镇登记失业率、万元GDP能耗等,这类指标本身取值越低越好。适度指标,例如三次产业占比、GDP增长率、城镇化率等,这类指标取值在一定范围内比较好。

课题组对正向指标和逆向指标采用功效系数法测定指标的评价得分。具体方法为将2015年作为评价的基期[①],相应的指标得分设定为60分。指标得分的具体计算公式为:

①参考了重庆市统计局创造高品质生活监测指标体系研究基期的选择时间。

$$y_i=\begin{cases}\dfrac{x_i-basex_i}{basex_i}*40+60,\text{正向指标}\\ \dfrac{basex_i-x_i}{basex_i}*40+60,\text{逆向指标}\end{cases}\quad(1)$$

其中，x_i为指标的原始值，$basex_i$为指标的基期值，y_i为指标的评价得分值。由(1)式可知，如果正向指标取值大于基期值，逆向指标取值小于基期值，则对应的得分大于60分。

课题组对适度指标采用有效边界法测度指标的评价得分。课题组规定适度指标的上边界对应得分为100分，下边界对应得分为60分，边界范围内的0数值利用极值标准化法评价指标的得分。以恩格尔系数为例，当该系数低于30%时，代表最富裕赋值100分，当该系数高于60%时，代表贫困赋值为0分，当恩格尔系数在30%到60%之间时，采用极值标准化评价得分。恩格尔系数指标得分具体计算方法如下：

$$y_i=\begin{cases}100 & ,x_i<30\%\\ 100-\dfrac{x_i-30\%}{59\%-30\%}*100, & 30\%\leqslant x_i\leqslant 60\%\\ 0 & ,x_i<60\%\end{cases}\quad(2)$$

其中，y_i为恩格尔系数评价得分，x_i为恩格尔系数。其他适度指标都采用(2)式的方法确定指标得分。

二、高品质生活指数的计算方法

高品质生活指数是一个整体性的综合评价值，需要采用一定的数学模型将多个评价指标值进行“合成”。课题组采用通用的线性合成分析方法进行计算，高品质生活指数的计算公式如下：

高品质生活指数$=\sum_{j=1}^{m} A_{ij} w_j^* = \sum_{j=1}^{m} A_{ij}\left(\beta w_j^G + (1-\beta) w_j^S\right)$

其中，A_{ij}表示一级指标，w_j^*表示一级指标组合权重，w_j^G表示专家赋值权重，w_j^S表示熵权法客观权重，m表示一级指标个数。

$$A_{ij} = \sum_{j=1}^{n} B_{ij} w_j^* = \sum_{j=1}^{n} B_{ij}\left[\beta w_j^G + (1-\beta) w_j^S\right]$$

其中，B_{ij}表示二级指标，w_j^*表示一级指标组合权重，w_j^G表示专家赋值权重，w_j^S表示熵权法客观权重，n表示二级指标个数。

$$B_{ij} = \sum_{j=1}^{k} C_{ij} w_j^* = \sum_{j=1}^{k} C_{ij}\left[\beta w_j^G + (1-\beta) w_j^S\right]$$

其中，C_{ij}表示三级指标，w_j^*表示一级指标组合权重，w_j^G表示专家赋值权重，w_j^S表示熵权法客观权重，k表示三级指标个数。

附件3:高品质生活评估指标体系权重的计算

高品质生活评估指标体系的构建除了评价指标的建立,还需要对评价指标的权重进行赋值。评价指标权重的赋值方法主要有主观赋权法和客观赋权法,主观赋权法包含专家的知识和经验,客观赋权法利用评价指标数据内在的关系,这两种方法各有优点和缺点。课题组采用了基于主观和客观相结合的赋权方法,综合利用了两者的优点。

一、主观赋权法——德尔菲法

德尔菲法主观赋权的基本思想是邀请相关领域的专家根据他们的经验对评价指标进行排序,然后再赋值,最后确定权重系数的大小。具体步骤如下:首先,邀请相关领域的专家对评价指标进行排序,课题组邀请了高校、政府和企业的专家;其次,根据专家的排序进行赋值;最后,基于赋值计算每个指标的权重系数 $w_j^G=\left(w_1,w_2,w_3\cdots w_m\right)$。

具体来说,课题组邀请了10位专家,其中5位专家为参加课题开题和期中检查答辩的专家,另外5位专家由高校知名教授、政府部门和企业的专家组成。课题组根据10位专家为每个指标赋予的权重计算了平均值,用平均值作为每个指标的权重,避免了单个专家对单个指标赋权的主观影响。

二、客观赋权法——熵权法

熵权法是一种广泛运用于不同领域评价过程中的客观赋权方法。熵权法基本思想是基于各个评价指标的原始指标观测值,计算每个指标的信息熵值,再根据信息熵值确定指标的权重系数。如果某个评价指标观测值变异较小,那么该指标的信息熵权值就越大,该项指标在评估中被赋予的权重就越低,反之亦然。熵权法赋值的具体步骤如下。

首先,将各个指标同度量化。设 x_{ij} 代表第 i 个评价指标的第 j 个观测值,则同度量化的计算公式为:

$$u_{ij} = \frac{x_{ij}}{\sum_{i=1}^{n} x_{ij}} \qquad (i=1,2,\cdots n;j=1,2,\cdots m)$$

其次,计算指标的信息熵值 e_j。

$$e_i = -k\sum_{i=1}^{n} u_{ij}\ln\left(u_{ij}\right) \qquad (i=1,2,\cdots n,j=1,2\cdots,m)$$

其中,k 为调节系数,$k=\ln(n)$;e_j 是信息熵值,满足 $0\leqslant e_j\leqslant 1$。然后根据信息熵值计算每个指标的变异系数 $g_j=1-e_j$。

最后,根据变异系数,可以计算每个指标的权重系数 w_j,计算公式为:

$$w_j = \frac{g_j}{\sum_{j=1}^{m} g_i} \qquad (j=1,2,\cdots,m)$$

设 $w_j^S=\left(w_1, w_2, w_3\cdots w_m\right)$ 为熵权法确定的指标权重向量。

(3)基于主观客观组合赋权

专家主观赋权法反映了众多专家的知识和经验,但都是基于过去的信息,一旦客观环境发生变化,无法及时反映。熵权法能够反映客观环境的变化,但只是反映了数据内在的规律,可能无法真实反映现实状况。因此,将主观赋权法和客观赋权法进行组合赋权,可以克服二者的缺点,同时充分挖掘它们的优点。设 w_j^* 为组合赋权,计算公式为:

$$w_j^* = \beta w_j^G + \left(1 - \beta\right) w_j^S$$

其中,w_j^G 为主观法赋权权重向量,w_j^S 为熵权法赋值权重向量,β 代表主观赋权偏好系数。课题组认为主观赋权和客观赋权同样重要,所以 β=0.5。

附件4:重庆市高品质生活指数的计算结果

附表1-1　重庆市高品质生活客观一级指标指数(2003-2018年)

时间/年	指标					
	高品质生活客观指数	经济高品质建设	文化高品质建设	社会高品质建设	生态高品质建设	治理高品质建设
2003	43.7	45.2	48.8	43.7	36.9	44.5
2004	44.1	46.0	47.9	44.0	37.2	45.4
2005	44.5	45.2	48.5	44.6	38.5	46.3
2006	45.8	47.1	49.6	46.0	39.5	47.2
2007	48.7	48.2	56.3	46.9	46.0	48.3
2008	51.1	49.0	64.4	48.2	48.6	49.5
2009	52.0	47.3	63.7	49.1	53.6	50.6
2010	54.3	52.2	66.8	50.1	55.0	51.9
2011	56.7	53.2	69.3	53.0	58.9	53.9
2012	56.9	51.7	64.9	55.8	59.3	55.6
2013	57.9	62.9	50.1	57.6	59.6	57.1
2014	59.4	66.3	51.2	58.9	59.2	58.6
2015	60.0	60.0	60.0	60.0	60.0	60.0
2016	63.2	67.4	60.8	60.9	64.7	61.9
2017	63.4	60.8	66.5	62.5	65.4	63.4
2018	67.5	69.3	76.2	63.1	66.5	65.2

附表1-2 重庆市高品质生活主观指标指数(2020年)

一级指标	指数	二级指标	指数
群众获得感	72.5	经济收入获得感	65.2
		公共管理获得感	73.7
		精神文化获得感	74.5
		社会保障获得感	73.0
		美好环境获得感	75.1
群众幸福感	75.4	物质生活	76.6
		身心健康	81.1
		抱负才能	74.4
		人际关系	79.3
群众安全感	77.3	生存安全	80.9
		治安安全	80.3
		环境安全	74.5

附表1-3 地区高品质生活客观一级指标指数(2018年)

地区	指标					
	高品质生活指数	经济高品质建设	文化高品质建设	社会高品质建设	生态高品质建设	治理高品质建设
北京市	78.7	86.1	92.3	72.0	66.6	80.3
天津市	69.7	80.5	72.4	59.0	63.3	76.7
河北省	64.0	62.6	74.5	66.1	60.2	56.9
山西省	63.5	59.8	80.5	61.8	62.3	57.2
内蒙古自治区	63.5	52.2	83.6	61.6	64.4	62.5
辽宁省	65.8	66.5	73.6	63.3	64.5	63.5
吉林省	61.5	59.5	71.1	59.9	62.5	57.3
黑龙江省	58.7	56.7	57.4	60.5	61.1	57.3
上海市	74.3	86.4	91.3	58.3	62.2	81.5

续表

地区	指标					
	高品质生活指数	经济高品质建设	文化高品质建设	社会高品质建设	生态高品质建设	治理高品质建设
江苏省	72.2	75.8	91.3	71.4	51.8	73.5
浙江省	74.9	77.0	94.9	70.9	63.4	73.1
安徽省	65.5	65.6	78.1	65.7	61.4	57.8
福建省	71.0	67.9	88.7	66.2	67.6	70.6
江西省	64.7	61.2	76.7	63.5	67.1	57.7
山东省	67.8	67.8	83.5	70.5	55.1	62.9
河南省	62.3	59.1	73.8	65.0	57.8	56.5
湖北省	68.0	67.4	85.5	65.3	62.6	63.5
湖南省	66.8	64.9	85.1	65.6	63.6	57.9
广东省	71.5	76.0	92.8	67.7	54.9	70.6
广西壮族自治区	60.3	52.3	67.5	63.3	66.4	53.2
海南省	60.5	54.4	64.8	57.4	70.1	59.6
重庆市	67.5	69.3	76.2	63.1	66.5	65.2
四川省	65.4	64.2	83.5	64.9	60.7	56.3
贵州省	58.3	59.4	50.6	61.6	64.5	51.4
云南省	59.8	55.7	65.7	61.0	65.5	51.9
西藏自治区	53.8	51.7	59.1	51.5	63.1	45.3
陕西省	69.2	64.4	93.3	68.0	65.4	59.9
甘肃省	58.9	57.8	68.9	59.3	60.1	49.1
青海省	59.3	61.2	60.3	57.7	62.1	55.3
宁夏回族自治区	58.6	55.3	51.4	61.5	64.3	58.7
新疆维吾尔自治区	58.1	48.6	64.7	63.0	59.8	55.3

重庆市民高品质生活调研报告

CHONGQING SHIMIN GAOPINZHI
SHENGHUO DIAOYAN BAOGAO

重庆市民高品质生活调研报告*

（2020 年 11 月）

习近平总书记在参加十三届全国人大一次会议重庆代表团审议时强调："努力推动高质量发展、创造高品质生活。"随着经济社会的不断发展和社会主要矛盾的转变，对美好生活的向往，对高品质生活的追求成为当前人们强烈的诉求。所以，提高广大人民群众的生活品质，是推动高质量发展的最终落脚点。为创造高品质生活，需构建一套科学、有效的指数评估指标体系。

为更加科学合理地设置高品质生活指标体系中的主观指标，课题组调查了解重庆市民高品质生活情况，在重庆各区县组织开展了以问卷和随机访谈为主要方式的调查。通过调查，征集重庆市各区县不同年龄阶段、不同学历水平、不同收入水平、不同职业的市民对于高品质生活的认知以及受访者对当前生活的满意度，用以分析当前重庆努力推动高质量发展、创造高品质生活的现状，为课题研究提供实证案例和数据支撑。

*课题指导：童小平；课题组组长：孟东方；课题组副组长：严晓光、吴大兵；课题组成员：程新平、朱勋春、黄意武、刘富胜、马文斌、王资博、杨涛、周磊、江优优、李科、程亚、刘波、马玉姣、熊宇、匡渝渝、周晴、代琼菊、张艺、江丽丽、朱晓琦、张文林、陈乾、董怡储。

一、高品质生活的相关基本理论

(一)“高品质生活”的含义

“高品质生活”是“高品质”理念和“生活”实践体验的整合，即满足人们更高物质和精神品质追求的美好的健康生活。

高品质生活评估指标体系由客观指标和主观指标构成，客观指标主要通过政府官方渠道发布的经济、文化、社会、生态、治理等领域的客观数据进行衡量，主观指标主要采用人们的主观感受进行衡量。人们对高品质生活的主观感受主要从获得感、幸福感、安全感三个方面加以衡量。其中：获得感主要包括经济社会改革发展取得的成果和人民群众的感知两个方面；幸福感则从横向(心理因素)与纵向(外部诱因)两个维度测评；安全感则重点从生存安全、治安安全、环境安全三个层面构建指标体系。

(二)“高品质生活”的结构

高品质生活作为生活的高级形态，是一个庞大的品质体系，具有内在的系统结构。就一般理论维度，可以将高品质生活划分为核心层、基础层、保障层三个层级结构，它们相互依存、相辅相成、互为支撑。换言之，三个层级是高品质生活的物质基础与决定因素，而三个层级又统一于高质量发展这个前提。概括来讲，推动高质量发展与创造高品质生活两者是内在联系的有机统一体，高质量发展是前提和基础，高品质生活是目标和要求

（图2-1）。

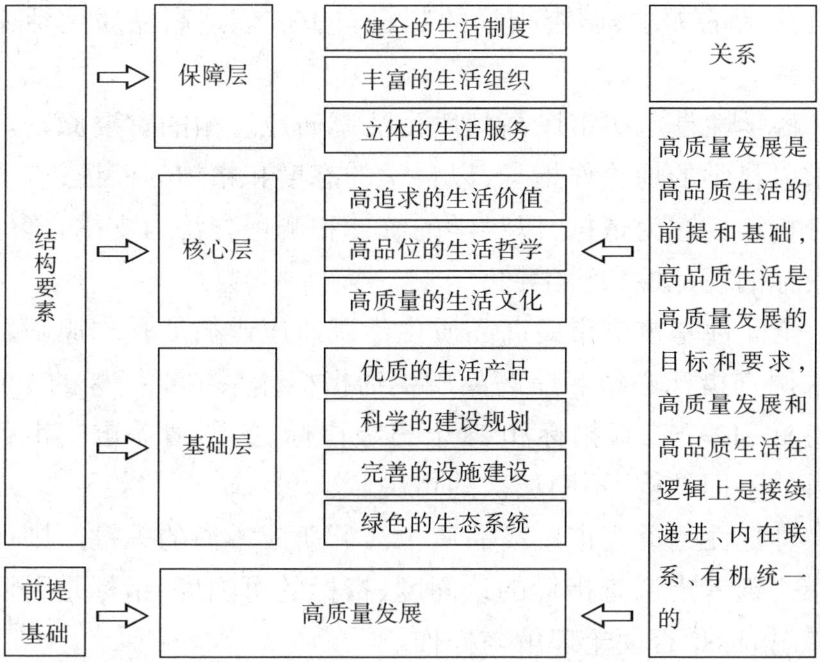

图2-1　高品质生活内容结构示意图

事实上，高品质生活的基础、核心、保障三个层级的各要素也存在着发展不充分、被“边缘化”的现实问题，需要在实践中不断调适与完善。

二、重庆市民高品质生活调查综述

（一）重庆市民高品质生活调研的原则

方向性是重庆市民高品质生活调研应遵循的根本原则。它要求始终坚持党的领导，保证各类指标的选取能够反映人民对美好生活的需求，调查指标的制定与重庆创造高品质生活方向相一致。

科学性是重庆市民高品质生活调研应遵循的首要原则。它要求以科学的理论作指导，以科学的态度和精神为保证，以科学的分析和描述为依据，以科学的统计和测评方法为支撑，确保调查指标的规范性和科学性。

全面性是重庆市民高品质生活调研应遵循的基本原则。它要求调查指标必须涵盖高品质生活指标体系主观指标的3个一级指标、12个二级指标和28个三级指标，必须覆盖重庆市各个区县的不同结构、不同层次的市民。

可行性是重庆市民高品质生活调研应遵循的关键原则。它要求必须考虑调查指标的认同度、指标的可测度、指标是否测评环境、指标是否便于理解与操作。

（二）重庆市民高品质生活调研的方法

为了保证调研的科学性，调研主要采用文献分析法、专家调研法、网络与实地问卷调查法。

第一，文献分析法。该方法是通过搜集、鉴别、整理、分析现有的文献资料，来了解事实、认识社会的科学研究方法。通过对"高品质生活""主观获得感""主观幸福感""主观安全感"等相关研究进行分析总结，结合心理学等多学科知识，构建高品质生活指标体系，并确定主观指标的调研内容。

第二，专家调研法。该方法利用专家的知识、经验、智慧等，以实现对调查对象达成共识目的的调研。在"高品质生活"概念的基础上，为进一步保证其科学性，多次采用专家座谈法进行讨论分析,不断完善调研内涵与结构。

第三,问卷调查法。该方法是以问卷为收集资料的工具,通过网络与实地调研,抽样访问调查市民高品质生活的满意度以及了解市民对创造重庆市高品质生活的评价和建议的调查方法。

1.调查问卷的设计

高品质生活评估指标体系涉及大量的主观指标,需要采用问卷调查的方法收集数据。课题组采用了多阶段分层抽样的科学抽样方法,尽量准确地反映人们对高品质生活的主观感受。

第一,根据文献和专家咨询讨论设计高品质生活主观指标问卷。主要从获得感、幸福感、安全感三个维度反映人们对高品质生活的主观感受。(表2-1)

表2-1　高品质生活评估指标体系(主观指标部分)

一级指标	二级指标	三级指标	
群众获得感	经济收入获得感	1	群众对获得更高收入的评价
		2	群众对获得更稳定工作的评价
	公共管理获得感	3	群众对公共事务参与的评价
		4	群众对法治发展状况的评价
		5	群众对政府工作效率的评价
	精神文化获得感	6	群众对获得更好教育的评价
		7	群众对获得丰富精神文化生活的评价
	社会保障获得感	8	群众对获得可靠社会保障的评价
		9	群众对获得更高水平卫生服务的评价
		10	群众对养老服务的评价
	美好环境获得感	11	群众对交通出行的评价
		12	群众对住房条件的评价
		13	群众对自然环境的评价

续表

一级指标	二级指标	三级指标	
群众幸福感	物质生活	14	群众对当前物质生活的评价
		15	群众对未来物质生活的评价
	身心健康	16	群众对自身身体健康的评价
		17	群众对自身心理健康的评价
	抱负才能	18	群众对个人当前工作的评价
		19	群众对个人未来前途的评价
	人际关系	20	群众对个人人际关系的评价
		21	群众对个人婚姻状况的评价
群众安全感	生存安全	22	群众对个人人身安全的评价
		23	群众对个人财产安全的评价
	治安安全	24	群众对社会犯罪状况的评价
		25	群众对社会秩序状况的评价
	环境安全	26	群众对交通安全状况的评价
		27	群众对生产安全状况的评价
		28	群众对食品健康状况的评价

第二，通过查阅文献，运用Likert（里克特）五分量表，以选择题、开放问答题等多种形式编制初步问卷。28个主观指标在问卷调查中对应28道题目，且都有5个等级的选项。例如，调查群众获得感里面有个问题为“您当前的收入水平能否满足您的需要?”，回答的选项为“能够满足、较能满足、基本能够满足、不能满足、完全不能满足”。课题组采用Likert（里克特）五分量表的处理方法，将回答的选项相应地赋予了对应的分值，对于正向指标5个选项从高到低依次赋值“100分、80分、60分、40分、20分”，对于负向指标5个选项从高到低依次赋值“20分、40分、60分、80分、100分”。然后再结合专家对每个指标的赋权，计算高品

质生活主观指标对应的各级指标的指数。采用Stata软件对问卷进行统计和分析。

第三,在问卷预调查基础上,通过专家咨询法对问卷进行修改完善,形成正式的调查问卷,以保证调查问卷的准确性和可操作性。

第四,通过科学的抽样方法,对调查对象进行问卷调查,了解市民对高品质生活的主观感受,同时在问卷调查过程中随机抽取部分调查对象进行深入访谈,收集人们对高品质生活的期望和建议。

2. 调查问卷的对象

本次调查根据重庆市民不同区域、不同性别、不同年龄、不同学历、不同家庭人均月收入、不同职业的人口数分布等情况,按照抽样总人数基本与重庆市民人口总数成正比,综合考虑不同类型抽样总数与人口总数成正比等因素对重庆市民进行实地问卷调查。调查对象基本情况如下所示。

(1)调查样本区域分布情况

表2-2 重庆市民高品质生活调研调查样本区域分布情况表

区域	主城都市区		渝东北地区	渝东南地区	总计
	中心城区	主城新区			
人数/人	1002	1717	1213	499	4431
占比	22.61%	38.75%	27.38%	11.26%	100.00%

(2)调查样本性别情况

表2-3 重庆市民高品质生活调研调查样本性别情况表

性别	男	女	总计
人数/人	2278	2153	4431
占比	51.41%	48.59%	100.00%

(3)调查样本年龄情况

表2-4 重庆市民高品质生活调研调查样本年龄情况表

年龄	18岁以下	18-35岁	36-45岁	46-60岁	60岁以上	总计
人数/人	161	2243	960	867	200	4431
占比	3.63%	50.62%	21.67%	19.57%	4.51%	100.00%

(4)调查样本文化程度情况

表2-5 重庆市民高品质生活调研调查样本文化程度情况表

文化程度	初中及以下	高中、中专	本科、专科	研究生	总计
人数/人	978	1066	2162	225	4431
占比	22.07%	24.06%	48.79%	5.08%	100.00%

(5)调查样本家庭人均月收入水平情况

表2-6 重庆市民高品质生活调研调查样本家庭人均月收入水平情况表

家庭人均月收入	1000元以下	1000-3000元	3000-5000元	5000-10000元	10000元以上	总计
人数/人	270	851	1834	1043	433	4431
占比	6.09%	19.21%	41.39%	23.54%	9.77%	100.00%

(6)调查样本职业情况

表2-7 重庆市民高品质生活调研调查样本职业情况表

职业	公务员	事业单位人员	国有企业员工	非国有企业员工	个体户	农民	城市农民工	在校学生	其他	总计
人数/人	181	619	343	449	587	387	299	840	726	4431
占比	4.08%	13.97%	7.74%	10.13%	13.25%	8.73%	6.75%	18.96%	16.38%	100.00%

3.调查问卷的样本抽查

本次调查问卷的样本抽查由课题组根据有效反映重庆市各区县、各阶层人员的高品质生活状况为基本原则，按照重庆市各区县人口分布的基本状况，以重庆市38个区县和万盛经开区常住人口的0.013%-0.015%为抽样基数，兼顾调查样本的年龄、性别、职业情况等，采用了多阶段分层随机抽样原则进行抽样。课题组第一阶段将重庆所有区县纳入抽样范围，其次在区县里面抽取乡镇，最后在乡镇里面抽取社区。

问卷发放形式以直接发放为主，结合口头读给不识字的群体等形式开展调查。通过80多名师生20天的调查，共回收有效样本4673份，其中调查问卷4431份、个人访谈242份。调查样本涵盖公务员、企事业单位员工、个体户、农民、城市农民工、在校学生等人员。

为保证样本的质量，课题组在进行个人访谈时为每个样本保留了录音和拍照的记录，以保证样本的准确性和真实性。总体来说，课题组收集到的调查数据质量较高。

4.调查的作用

通过对重庆市民高品质生活的科学调查，一是能较为准确地反映重庆市经济建设和社会发展的状况。经济建设和社会发展是复杂的，评价经济建设和社会发展的客观指标是根据定量方式取得的，而一些社会现象是不易定量的，客观指标有其局限性。主观指标有助于了解社会发展的综合情况，市民高品质生活的创造是适应构建人民向往的美好的生活的发展需要，能较准确地反映市民对当前社会高品质生活的主观评价。二是能贴近和体现人们的生活状态，能反映人们对经济、文化、政治、社会、生态等方面的评价和体验，能反映不同层次市民的生活态度及需求，较客观、准确地勾勒市民的生活状态，体现以人为本的思想。三是能更好地发展民生，建设高度的社会文明，是重庆"推动高质量发展、创造高品质生活"的民生驱动力。市民高品质生活调研是以市民的根本利益为出发点，是深入实际的调查研究，其调查结果能为高品质生活的构建提供的有效的评估、参考和反馈，是定性与定量相结合的参照系，通过分析研究能向党政部门反馈有效信息，为完善、制定高品质生活的政策提供参考。

5. 调查结果的偏差

一次调查工作在程序上有很多环节，调查的结果难免出现一定偏差。一方面，调查人员主要为在校大学生，虽然在调查前经过了课题组严格的培训，但不排除个别调查人员责任心不强，没有严格按照调查方案要求开展调查。另一方面，被调查者由于受教育程度的不同以及受新冠肺炎疫情的影响等因素，可能出现对高品质生活的理解发生偏差或者涉及利益或情面未客观反馈等情况。

三、重庆市民高品质生活状况整体分析

课题组基于相关文献的研究，根据高品质生活指数的大小对高品质生活的等级或满意度进行了划分。指数60以下为“高品质生活很低”或“满意度很低”；60-69为“高品质生活较低”或“满意度较低”；70-79为“高品质生活中等”或“满意度中等”；80-89为“高品质生活较高”或“满意度较高”；90-100为“高品质生活程度高”或“满意度高”。

课题组通过开展重庆市民高品质生活调查，对调查结果进行统计分析后，计算出2020年重庆市高品质生活指标体系主观指标指数为75.7。根据对高品质生活指标体系的划分标准，为“中等”水平。

2020年是我国全面建成小康社会和"十三五"规划的收官之年，重庆市能够达到高品质生活的中等水平，与全面建成小康社会的目标是相契合的。也进一步表明，课题组设立的高品质生活指数评估体系和高品质生活的划分标准与现实相符合，具有重要的实践价值。

表2-8 重庆市高品质生活指标体系主观指标指数情况

综合指数	一级指标	指数	二级指标	指数	三级指标	指数
75.7	群众获得感	72.5	经济收入获得感	65.2	群众对获得更高收入的评价	64.6
					群众对获得更稳定工作的评价	65.7
			公共管理获得感	73.7	群众对公共事务参与的评价	70.1
					群众对法治发展状况的评价	76.8
					群众对政府工作效率的评价	73.5
			精神文化获得感	74.5	群众对获得更好教育的评价	74.5
					群众对获得丰富精神文化生活的评价	74.6
			社会保障获得感	73.0	群众对获得可靠社会保障的评价	73.5
					群众对获得更高水平卫生服务的评价	74.4
					群众对养老服务的评价	71.0
			美好环境获得感	75.1	群众对交通出行的评价	77.6
					群众对住房条件的评价	72.7
					群众对自然环境的评价	75.4
	群众幸福感	77.8	物质生活	76.6	群众对当前物质生活的评价	72.3
					群众对未来物质生活的评价	81.4
			身心健康	81.1	群众对自身身体健康的评价	80.0
					群众对自身心理健康的评价	82.5
			抱负才能	74.4	群众对个人当前工作的评价	70.6
					群众对个人未来前途的评价	78.4
			人际关系	79.3	群众对个人人际关系的评价	78.5
					群众对个人婚姻状况的评价	80.1

续表

综合指数	一级指标	指数	二级指标	指数	三级指标	指数
	群众安全感	77.3	生存安全	80.9	群众对个人人身安全的评价	81.3
					群众对个人财产安全的评价	80.4
			治安安全	80.3	群众对社会犯罪状况的评价	80.6
					群众对社会秩序状况的评价	80.0
			环境安全	74.5	群众对交通安全状况的评价	77.4
					群众对生产安全状况的评价	77.2
					群众对食品健康状况的评价	69.7

通过对比分析重庆市民高品质生活的群众安全感、幸福感、获得感（简称"三感"）的指数可以发现（表2-8），三者指数分别为获得感72.5、幸福感77.8、安全感77.3。调查发现，无论是外来人口，还是生于斯长于斯的重庆人都从心底对重庆有一种自然的安全感，生活在重庆几乎都能体会到家的温暖。同时，由于重庆市还是一个年轻的直辖市，经济、政治、文化、社会、生态等各个方面都处于发展的过程当中，与全国其他相对发达的城市相比，还存在许多需要解决和改进的问题，使得市民的获得感指数（72.5）相对较低。通过此次调查，我们既看到了创造重庆高品质生活过程中取得的成绩和具有的优势，又发现了创造重庆高品质生活过程中存在的问题和劣势，更深入地倾听到了广大市民真实的声音，更了解了广大市民的迫切期望与发展要求，为更有针对性、科学性地制定"十四五"规划奠定了基础，同时为重庆创造高品质生活的目标提供了有价值的参考。

(一)重庆市民"获得感"——处于中等水平,对重庆的美好环境和精神文化方面相对较满意

"群众获得感"是高品质生活的重要组成部分。本次问卷调查对群众获得感的考察主要从"高品质生活指标体系"的主观指标出发,包含对市民"精神文化获得感、美好环境获得感、公共管理获得感、社会保障获得感、经济收入获得感"5个方面的13项指标进行调查。总体来说,重庆市民的精神文化获得感、美好环境获得感、公共管理获得感、社会保障获得感处于中等水平,但是经济收入获得感较低。

1.重庆市民"获得感"总体满意度较好,对重庆市的美好环境和精神文化方面相对较满意

表2-9 重庆市高品质生活指标体系主观指标"获得感"指数情况

一级指标	指数	二级指标	指数	三级指标	指数
群众获得感	72.5	经济收入获得感	65.2	群众对获得更高收入的评价	64.6
				群众对获得更稳定工作的评价	65.7
		公共管理获得感	73.7	群众对公共事务参与的评价	70.1
				群众对法治发展状况的评价	76.8
				群众对政府工作效率的评价	73.5
		精神文化获得感	74.5	群众对获得更好教育的评价	74.5
				群众对获得丰富精神文化生活的评价	74.6
		社会保障获得感	73.0	群众对获得可靠社会保障的评价	73.5
				群众对获得更高水平卫生服务的评价	74.4
				群众对养老服务的评价	71.0
		美好环境获得感	75.1	群众对交通出行的评价	77.6
				群众对住房条件的评价	72.7
				群众对自然环境的评价	75.4

通过分析调查数据可以发现(表2-9),重庆市民的“获得感”总体满意度指数为72.5,整体评价为“中等”,处于中等偏下水平。对比分析获得感的各二级指标可以发现,重庆市民的满意度从高到低依次为:美好环境获得感(75.1)、精神文化获得感(74.5)、公共管理获得感(73.7)、社会保障获得感(73.0)以及经济收入获得感(65.2)。

重庆市的美好环境建设方面成效较为显著,美好环境获得感是“获得感”指标里满意度最高的指标。说明近年来重庆市生态环境保护工作取得显著成效。重庆市委、市政府大力推动“生态优先、绿色发展”和“共抓大保护、不搞大开发”,全面唱响“山水之城·美丽之地”,初步实现了经济社会发展和生态环境保护的协同推进。比如,开州某女性事业单位人员在接受调研时认为:“政府应积极解决人民群众的医疗卫生服务、住房、养老等问题,让人们有更多的安全感、幸福感;不断增加绿化面积,保护自然环境,积极解决垃圾处理、河流污染等问题;注重发展公平、高质量的教育。”2018年,全市节能环保产业增长20%,单位GDP能耗下降2.5%,长江干流重庆段水质总体为优,长江支流重庆段水质总体良好,空气质量优良天数达到316天,同比增加13天。划定长江上游生态保护红线2.04万平方公里,设立自然保护地220处共1.6万平方公里。

精神文化是“获得感”里排在第二位的指标,也在一定程度上反映了重庆市民对于重庆市精神文化建设总体评价基本满意。一方面,随着经济的发展,市民的物质生活有了基础保障,对于精神文化的需求愈发强烈,同时重庆市政府也大力支持市民的精神文化活动创造,提高了重庆市民对精神文化的普遍认可度。比如,綦江区某男性个体户在接受调研时认为:“只有将精神和物质两者兼顾，才能够称得上是高品质生活。从精神上来谈，即拥有较高的个人修养。因为物以类聚人以群分，只有你自己是一个积极进取、追求较高质量生活的人，你才能在生活中遇到这样志同道合的朋友，从而形成一个高品质朋友圈。比如，我最近在积极锻炼身体，我就遇到了一群爱好运动的朋友们，大家一起约着锻炼，形成很好的运动氛围。从物质上来说，即能够买得起一些较好品牌的东西。比如，想吃虾，那我就去买进口虾或者活虾，不必委曲求全。再者就是，能享受较高品质的服务，比如我能够享受较高品质的物业服务等。此外，食品安全一定要严格把控；住家环境要优越，不宜太过吵闹；住家附近能够有专门的运动场所；交通压力较小，减少堵在路途上的时间。”渝中区某男性事业单位人员在接受调研时认为：“高品质生活应该包含物质生活和精神生活两个大的方面，物质生活方面应该就是我们所说的生活质量、饮食以及睡眠等，当然还有我们所说的人际关系这个方面；而精神生活方面，就是我们所讲的精神世界层面的丰富程度，这个是因人而异的。”江北区某女性在校学生在接受调研时认为：“个人方面，首先是要有健康的身体；然后是要有富足的物质生活，这不仅能支撑精神生活，还能满足平时的娱乐需求；最后是精神上的富足，要有自己的爱好或者特长，平时也能有余钱花在这些方面。社会环境方面，一定要干净、卫生、安全，人的素质高一些，人各司其责，尽其责，彼此尊重。”江津区某男性公务员在接受调研时表示：“高品质生活要尽可能精致、和谐、美好。不是说选择哪一个牌子，就是高品质生活，而是所有东西配合起来是和谐、精美的，让你的生活一切都很美。高品质生活不是为了钱，也不是钱可以打造的，而是每一天、每一秒都很美好、很舒心。"另一方面,重庆的文化旅游产业蓬勃发展,一是文艺精品更丰富,多部文艺作品登上全国性舞台并荣获国家级大奖,全国美展诞生70年来首次走进重庆;二是深化"大都市""大三峡""大武陵"特色文化旅游,着力打造世界温泉谷、长江三峡国际旅游集散中心、都市旅游、四季康养等旅游项目集群,让八方游客在重庆"行千里·致广大",使重庆成为著名的旅游目的地。[①]比如,万州区某女性其他工作人员在接受调研时表示:"重庆近两年发展得很好,旅游业越来越火热,成为网红城市,给当地的居民也带来了更多的就业机会。但是随之而来的,物价和房价也变得更高,不敢说平均水平,只说我周围的人,收入却没有增加,普通人家的生活变得更加艰难。希望重庆在发展的时候,不仅注重第三产业的发展,也要注重第二产业实体经济的引进,照顾到普通市民,尤其是农民,我们这边一些工厂关闭之后,里面工作的人也失业了,经济在变革时期,普通人无论在身体上还是心理上都是最难适应的,而这一部分人体量很大。创造高品质的生活,不仅仅要从经济层面上努力,心理层面上的疏导和安慰也必不可少。所以,我认为重庆在精神文明建设、教育、文化传承等方面也需要完善和努力。"武隆区某女性个体户在接受调研时提出:"要深度挖掘本地文化特色,打造特色品牌,比如印象武隆。"城口县某男性事业单位人员在接受调研时表示:"在文化方面,政府部门要做好对全市优秀文化艺术的保护规划,出台政策扶持措施,设立保护专项资金,列入政府财政预算。同时,加强对民间民俗文化的普查、征集、保护和利用,对濒危工艺采取抢救措施。"

①新浪网.重庆市文化旅游工作会议召开 加快建设国际知名文化旅游目的地[EB/OL].http://k.sina.com.cn/article_2810373291_a782e4ab02001jvei.html,2020-01-17.

2. 重庆市民对于政治发展和社会保障的满意度处于中等水平

在公共管理方面，重庆市委、市政府始终认真贯彻落实新时代党的路线方针，牢固树立为人民服务的意识，建设良好的政治生态。重庆市民对法治发展状况的评价居于公共管理获得感指标的首位，这和重庆市委、市政府始终秉持“让权力在阳光下运行”的法制建设初心和要求分不开，重庆市委、市政府在保障法制建设同时，加强自身建设做出的努力也被重庆大部分市民认可。比如，长寿区某女性事业单位人员在接受调研时认为：“当前重庆总体呈现出平等、公正、法治，人们精神富裕。”九龙坡区某男性公务员在接受调研时表示：“首先应该是法制问题，当前很多社会问题亟待解决，也有很多法律问题不断暴露出来。当然，我们是在朝着越来越好的方向发展，现在已经做得很不错了，相信以后也会越来越好。其次，就是要继续关注民生问题，这和第一个应该是同步的，没有先后，习总书记强调人民对美好生活的向往就是我们的奋斗目标。显然，创造高品质生活必须着力满足人民群众对美好生活的向往。”石柱县某女性事业单位人员在接受调研时认为：“吃得安全，居住环境好，夜间无噪声，基本生活有保障，看病不难，法制健全，社会和谐，生命安全有保障，就是高品质生活。”万州区某男性城市农民工在接受调研时认为：“人民有饭吃，有衣穿，生活环境卫生安全，出行方便，就是高品质生活。”

在社会保障的满意度方面，群众对于养老服务的评价略低。这主要是因为目前重庆在提高社会保障水平，积极上调城市低保标准、失业救济金标准方面力度还不够大。比如，忠县某男性事业单位人员在接受调研时认为：“养老机构必须改革，养老保险还需完善，不要把养老机构当作挣钱的方式，这样年轻人才会放心把老人托付给养老机构，才会有更多的精力去工作。”奉节县某女性事业单位人员在接受调研时认为：“目前城市老年人居多，养老保险虽在不断落实当中，但费用高、看病难问题依然存在。人不可能一辈子健健康康，所以医疗卫生方面的需要仍极强。”同时，还应推进农村低保，困难农民比较难获益。当然，农村新型合作医疗参合率不够高也是目前比较棘手的问题。比如，忠县某男性事业单位人员在接受调研时提出：“要提高医疗水平，好的医疗队伍也要适当分配到县级地区。”秀山县某女性个体户在接受调研时认为：“首先要有医疗保险，其次，针对生病的人还要有良好的机制，老有所依，设置残疾人的专门通道。”黔江区某男性非国有企业员工在接受调研时提出：“要重点解决教育和医疗问题，让每个人（特别是百姓）能看得起病，同时让每个孩子能就地上学。还要特别关注农村的道路交通建设和留守老人的医疗、养老、安全等问题。”彭水县某男性农民在接受调研时表示：“现在的农民，能吃饱穿暖有钱花，可以说什么都不怕，但是就怕生病，因为家里一个人生病就可能会拖垮一个家庭，所以医疗水平和政策体系的完善对人民高品质生活起着举足轻重的作用。”不难发现，不同区域、职业对我们的医疗保障问题提出了一些具有针对性的意见或思考。但是值得肯定的是，重庆市民对于获得更高水平的卫生服务的评价满意度较高。这主要是重庆市的医养结合体系逐步完善，率先实施健康老龄化工程，建成多家国家医养结合试点单位，卫生服务水平逐步提升。

3. 对“交通出行”的满意度相对最高，最不满意的是“当前收入水平”

对“交通出行”的满意度，也反映出近年来重庆城市建设特别是改善交通方面取得的成绩。党的十八大以来，重庆交通发展取得了显著成绩，建成一批重大项目，全市交通面貌发生较大变化，群众出行更加高效、便捷、安全。基本形成了"一枢纽十干线"的铁路网络、"三环十二射多联线"的高速路网、"四枢纽九重点"的港口体系、"一大四小"的机场格局。"四好农村路"建设成效显著，农村交通面貌发生根本改变。"公交都市"创造效果显现，公共交通和城市轨道交通建设可圈可点。比如，永川区某男性公务员在接受调研时表示："我认为目前环境、基础设施等基本能够满足人民需求，人民的生活满意度高。社会各界各司其职，高效运转，都有闲暇时间去陪伴家人，做自己想做的事情。"当然，也有部分市民表示区县交通还需要进一步加强建设。比如，万州区某女性市民在接受调研时认为："重庆部分区县还处于比较落后的状态，即使修铁路很难，但还是希望部分区域能完善交通，这样人们的出行才会更加便利，当地的经济也才能更好地发展。"

从"经济收入"满意度看，经济收入获得感指数为65.2，评价为"满意度较低"，表明重庆市民的经济收入获得感还较低。随着社会经济的发展，人民日益增长的美好生活需要和不平衡不充分的发展之间的矛盾十分突出。尽管重庆市的经济发展水平得到了较大幅度的提高，但是经济收入仍然难以有效满足广大市民日益增长的美好生活需要。比如，万州区某女性个体户在接受调研时表示："希望政府为大多数人民解决住房问题、就业问题，提高人民的收入，这样人们才有更高的幸福感。"城口县某女性事业单位人员在接受调研时表示："当前最需要的还是提高经济收入，作为刚入公司的小职员，没有太高的收入，物价又比较高，所以经济收入方面的需求较大。"此外，经济收入满意度较低可能还存在两方面原因。一方面，重庆市民的经济收入水平不高。随着重庆市CPI的上涨，市民对于经济收入的需求扩大，同时工资收入并没有随着物价涨幅同步调整，造成了市民对于经济收入的获得感较低。比如，南岸区某女性其他工作人员在接受调研时表示："我的幸福指数还可以，也有一份稳定的工作，可供选择的娱乐休闲方式也很多，也有时间出去旅行放松，在工作同时也得到了休息，劳逸结合。不足的就是，压力比较大，因为重庆整体的薪资水平并不高，但整体消费不低，导致工作压力还是比较大。"与此同时，2020年突发新冠肺炎疫情，使得重庆许多企业受到影响，以至于部分市民收入锐减，从而使市民在经济收入方面的获得感较低。比如，奉节县某女性事业单位人员在接受调研时认为："目前人口较多，大学生就业压力大，因为疫情原因，就业变得更加困难，目前最需要的是完善就业保障机制。"另一方面，重庆市民的可支配收入普遍不高。据2018年重庆市国民经济和社会发展统计公报，全市居民人均可支配收入为26386元。按常住地分，城镇居民人均可支配收入为34889元，农村居民人均可支配收入为13781元。比如，忠县某男性事业单位人员在接受调研时认为："基本工资应与消费成正比，只有这样，人们的住房问题才能得以保障，生活水平才可能提高，年轻人才会更有余力去培养下一代。"铜梁区某女性城市农民工在接受调研时指出："生活消费太高，希望政府能够免费为农民工进行技能培训，以提升农民工的发展空间，满足其技能需求。希望政府能够给农民工提供免费的车位，以便出行时能够更方便。希望公司能够给农民工更好的福利待遇。"

（二）重庆市民"幸福感"——处于中等偏上水平，绝大多数市民觉得比较幸福，目前生活很快乐，并且对未来生活充满信心

幸福尽管是一种主观体验，但是产生幸福的原因并不是纯

粹主观的，它既有主观的原因，也有客观的因素，可以说幸福源于对现实生活的认识和感受。对“幸福感”这一主观指标的评价主要由物质生活、身心健康、抱负才能、人际关系四个方面构成。

1.重庆市民的“幸福感”总体满意度中等偏上

表2-10　重庆市高品质生活指标体系主观指标“幸福感”指数情况

一级指标	指数	二级指标	指数	三级指标	指数
群众幸福感	77.8	物质生活	76.6	群众对当前物质生活的评价	72.3
				群众对未来物质生活的评价	81.4
		身心健康	81.1	群众对自身身体健康的评价	80.0
				群众对自身心理健康的评价	82.5
		抱负才能	74.4	群众对个人当前工作的评价	70.6
				群众对个人未来前途的评价	78.4
		人际关系	79.3	群众对个人人际关系的评价	78.5
				群众对个人婚姻状况的评价	80.1

通过数据分析可以看出(表2–10)，重庆市民的幸福感指数为77.8，整体评价为“中等”，处于中等偏上水平。在物质生活、身心健康、抱负才能、人际关系四个方面，市民的幸福感指数分别为76.6、81.1、74.4和79.3，这说明重庆市民的幸福感较强。近年来，广大重庆市民的物质生活水平得到改善提高，在保持身心健康的同时个人事业发展需求也得到较好满足，安居乐业、人际关系和谐、生活快乐，而且对自己的未来充满信心。比如，丰都县某女性在校学生在接受调研时认为：“当前很幸福。对于一个小孩子来说，我比很多父母外出打工，只有爷爷奶奶在家里照顾的留守儿童幸福得多。从小我就在父母身边长大，他们都非常

关心、支持和爱护我，从未打骂过我。特别是母亲一直陪伴在我的身边，和我一起解决难题，给我迎难而上的动力，所以最幸福的莫过于家人的陪伴。同时，我现在一直保持着一颗上进心，我乐于去学习，所以我相信我不只是现在幸福，未来我会一直幸福地走下去。”黔江区某男性城市农民在接受调研时表示：“我觉得比较幸福，因为家人都健康，国泰民安，虽然赚钱辛苦，但是也不用像老一辈一样忍饥挨饿。而且女儿考上了大学，值得我骄傲。”綦江区某女性事业单位人员在接受调研时也认为：“幸福感来自家庭。首先是家里人都健康，尤其是我的父母身体健康。再则就是我的孩子还算懂事，学习上不需要我过多担心。最后就是我的老公全力支持我的事业，也积极分担了我家庭里的一些负担。他很有仪式感，而且包容我的不足之处。幸福感还来自自我价值实现的满足感。工作顺利可以让我觉得自我价值得到实现，偶尔利用空闲时间还能够看看书、去健身，不断成为更好的自己。总而言之，就是一种自我认可。我不断调整自己的生活方式，获得自我满足感。最后就是感恩生活，感恩家人，感恩朋友。我对未来的家庭生活以及职场生活充满希望，有信心。”云阳县某男性农民在接受调研时表示：“要共同建设，共同发展，只有通过不断努力，才会有更多的收获，让我们用自己的双手，建设更美好的家园，让生活更加幸福美满，多姿多彩！”

2.重庆市民的“身心健康”状况较好，“人际关系”状况不错

调查显示，受访者的身体健康、心理健康的自我评价较高，指数分别为80.0和82.5，评价为“较好”，表明重庆市民的身心健康程度较高。健康的身体和心理是生活幸福的重要源泉。人的健康受膳食、运动、心理状态、习惯、环境等因素的影响，因此为了保证人人有一个健康的身心，必须有合理的膳食、持之以恒的运动、良好的心理状态、良好的习惯、优美的环境。这也从一个侧面反映了重庆较好的宜居度,也反映出重庆市民比较注重身心健康。比如,綦江区某男性事业单位工作人员在接受调研时认为:“重庆是一个拥有丰富民间艺术文化的现代都市,具有自己独特的艺术文化。在现代高新技术快速发展的今天,如何保护好这些民间艺术产业,让其与现代社会相适应,从而更好地满足普通市民的文化需求是建设高品质生活的关键。同时,应当更加关注食品安全,民以食为天,重庆建设高品质生活,自然不能忽略食品安全的重要性,要保证广大市民的饮食健康与安全。此外,还应多关注社区群众的心理健康。当今社会很少会有人关注广大社区群众的心理健康问题,其实在这个快节奏的社会中,普通社区群众也会多多少少产生心理上的问题,需要进行心理疏导。随着重庆社区工作的发展,以及建设高品质生活的需要,更要更加关注广大社区群众的心理健康。”

重庆市民的“人际关系”状况评价较好,也反映出重庆人耿直豪爽的性格对建立比较和谐的人际关系起到的正面作用。需要说明的是,由于受访者中有部分未婚人群,课题组用已婚人群的平均婚姻幸福感代替了未婚人群的平均婚姻幸福感。已婚受访者中,39.8%的受访者认为当前的婚姻状况很好。比如,秀山县某女性其他工作人员在接受调研时表示:“我很幸福,家庭挺和睦。全家身体健康,父母基本能够自己挣钱,不需要我们小辈负担多少,只是逢年过节发个红包之类的。儿女双全,一儿一女凑成一个‘好’字,而且两孩子也挺乖的,在学校没有给老师和家长惹事。我对孩子的要求不高,经过这次疫情,我觉得孩子健康比什么都重要。物质方面的需求基本能满足,车房都有了,开了一家小店,感觉这样挺好的。”29.2%的受访者认为当前的婚姻状况比较好，对婚姻状况满意的已婚受访者达到69%，说明已婚受访者的婚姻状况满意度较高。比如，彭水县某男性市民在接受调研时表示：“目前，我的生活物质无忧，家庭和睦，身体健康。”

3. 少部分受访者对当前的物质生活和工作状态虽有不满，但普遍受访者对未来充满信心

目前广大重庆市民的物质生活虽然有明显改善，但仍迫切需要较大幅度改善，因为物质生活是幸福的重要基础。从对“当前工作状况”满意度的调查看，指数为70.6，相对低于幸福感其他调查指标。比如，荣昌区某男性事业单位人员在接受调研时表示：“应增加就业机会，加强社会保障，增强社会的积极影响。”垫江县某男性非国有企业员工则主张：“发展民生，创造更多的就业机会，关注社会焦点，多宣传正能量人物、事迹等。”合川区某女性在校学生建议：“重庆政府应出台相关政策促进经济发展，扩大就业，提高最低工资标准，提高居民收入水平，提升社会总体生活水平，坚定人民能够达到更高质量生活的信心。”江津区某男性非国有企业员工在接受调研时建议：“政府和职能部门的惠民政策应公开、透明。多提供公益性的岗位，面向就业困难和大龄就业人员倾斜。”奉节县某女性事业单位人员在接受调研时表示：“目前，就重庆市的情况来看，放在最前的还应是教育，无论何时，教育都应该放在优先发展的地位上，奉节在教育方面的投入还需要加大。同时，城市的发展离不开经济的发展，要想我们奉节居民生活质量提高，增加更多的工作岗位，提升居民的收入是必要的。希望奉节能发展更多的特色产业，吸引更多的游客以及产业入驻，从而提供更多的就业岗位。”这充分这

表明在人才效用的发挥以及就业问题上，还需要大力建立健全机制，满足广大市民的发展需要，因为只有抱负才能得到较大程度施展，自我价值才能实现，人们的幸福感才会提升。

调查发现，受访者对未来物质生活的信心程度指数达到81.4，评价为“较好”。其中40.30%的受访者认为对未来获得更好的物质生活有信心，31.80%的受访者认为较有信心，这两部分的受访者达到72.1%。比如，忠县某男性事业单位人员在接受调研时表示：“当前生活很幸福，因为能够生活在这和平年代，在中国共产党的领导下一步一步走向小康生活，有自己的家庭，有自己的孩子，有自己的工作。每天开开心心地工作，开心快乐地生活，难道不幸福吗？在中国共产党的领导下，我们的生活会越来越美好，国家会越来越强大，环境会越来越美丽，这就是最幸福的日子。”垫江县某女性个体户在接受调研时表示：“当前国家政策好，我们非常高兴。作为个体工商户，我们很有信心干好自己当前的事业。”大渡口区某女性市民在接受调研时认为：“高品质生活应该包括现实的基本需求和可靠的为了保障现实的基本需求。在物质层面大概就是吃穿住行，但我觉得不应该止步于满足，还要达到舒适。就拿吃来说，比如我想进商场吃一顿饭犒劳自己，但我不能因为这顿吃好就导致后面几天都要吃差一点来弥补。我觉得更多人忽视了精神层面，高品质生活还应该包括选择继续教育的权利，以及相对自由多元的文化氛围，让每一种不危害社会的文化都拥有足够的生存环境。未来保障主要是养老和医疗方面的问题。”受访者对个人未来前途的信心程度指数为78.4，其中31.60%的受访者认为对未来个人发展很有信心，35.80%的受访者认为对未来个人发展较有信心，这两部分受访者达到67.4%。当然，也有部分受访者对未来信心不足。比如，潼南区某男性事业单位人员在接受调研时认为："我希望能够吃得营养，穿得健康，住得宁静，行得通畅，幼有所扶，学有所长，老有所养。"开州区某女性农民在接受调研时表示："我们农民谈啥幸福呀，有吃有穿的，还过得去，如果能更好点就更好了，你说是吧？谁都想过好一点，我们呀，就是没有怎么读过书，吃了很多亏，走了很多弯路，现在的娃儿，要知足，要好好念书，特别是你们这代喔，我们的幸福其实就是后代过得好一点，别的也不太敢去想。"可见，大多数市民都切身体会到重庆的巨大发展和进步，幸福感不断提升，而这种身心的快乐与幸福也包含对重庆的美好未来、个人的美好前程充满信心。基于对重庆以及个人未来的信心，多数受访者表示高度支持重庆创造高品质生活，并积极提出具有建设性的建议或意见。比如，涪陵区某男性事业单位人员在接受调研时表示："我非常支持重庆建设高品质生活。我觉得城市和农村的工作环境和生活环境要好，不管大街小巷都要整洁干净，晚上不要黑灯瞎火的。另外，教育关系国家的未来，我觉得要大力发展教育，特别是义务教育阶段的教育要公平，让每个处于义务教育阶段的孩子都能享受到公平、优质的教育，比如该分片就要分片，不要拿高价开后门占据优质的教育资源。每个人都会生病，所以国家要有好的医疗保障，让每个人生病后有所医，同时医院要有救死扶伤的责任。另外，要有好的治安环境，要随处都能看到警察、警车，让老百姓心有所安，有了好的治安才能有好的生活和学习。"綦江区某女性非国有企业员工在接受调研时认为："建设高品质生活首先是让我们居住的环境没有污染，例如生活用水、生活环境卫生。"大足区某女性个体户在接受调研时认为："建设高品质生活就是从老百姓的衣食住行方面入手，改善、提高服务水平，让老百姓日子过得更好。"璧山区某女性事业单位员工在接受调研时提出："我认为高品质生活并不是过得多么富裕，而是自己过得开心快乐，生活中没有什么烦恼，简单就好。"铜梁区某男性事业单位人员在接受调研时认为："对于建设高品质生活，我觉得最主要就是提高城市的能力，实现城市现代化。"还有像万州区某女性非国有企业员工、巫溪县某女性在校学生、云阳县某女性市民等不少受访者主张，物质条件是创造高品质生活的基础，即经济基础决定上层建筑，只有先达到小康水平才能享受精神物质，才有多余的时间、金钱提高全民高品质生活。因此，建设高品质生活在于提高社会整体生活水平（改变现在贫富差距较大的现状），能够让真正贫困的人找到属于自己的工作，能够维持家庭基本开支，而不是东奔西走，工作不固定。当然，这也需要我们不懈奋斗，做好人生规划，从而一步步地向目标奋进。

（三）重庆市民"安全感"——整体满意度较为乐观

本次问卷调查对安全感的调查主要从"高品质生活指标体系"的主观指标出发，包含市民对"生存安全满意度、治安安全满意度、环境安全满意度"三个部分的调查，内容涉及人身安全、财产安全、社会治安、社会秩序、交通安全、生产安全、食品安全等方面。总体来说，重庆市民对安全感的态度较为乐观，其中对生存安全和治安安全的满意度较高，指数分别为80.9和80.3，对环境安全的满意度中等，指数为74.5。

1. 重庆市民的“安全感”总体满意度中等偏上

表2-11 重庆市高品质生活指标体系主观指标“安全感”指数情况

一级指标	指数	二级指标	指数	三级指标	指数
群众安全感	77.3	生存安全	80.9	群众对个人人身安全的评价	81.3
				群众对个人财产安全的评价	80.4
		治安安全	80.3	群众对社会犯罪状况的评价	80.6
				群众对社会秩序状况的评价	80.0
		环境安全	74.5	群众对交通安全状况的评价	77.4
				群众对生产安全状况的评价	77.2
				群众对食品健康状况的评价	69.7

通过分析调查数据可以发现(表2-11),重庆市民的“安全感”总体满意度指数为77.3,整体评价为“中等”,处于中等偏上水平。这说明重庆在安全建设方面取得了显著的成效,基本上满足了重庆市民生存安全、治安安全和环境安全方面的需要,广大重庆市民对安全感普遍认可。

2. 重庆市民对人身财产安全和整体治安状况相对最满意

对比分析安全感的各二级指标可以发现(表2-11),重庆市民对“安全感”各个方面的满意度从高到低依次为生存安全(80.9)、治安安全(80.3)、环境安全(74.5)。生存安全和治安安全指数评价为“满意度较高”。比如,云阳县某男性在校学生在接受调研时从马斯洛的需求层次理论角度分析:“我认为在安全需求层面,当今中国治安良好有序。”铜梁区某男性公务员在接受调研时认为:“应提高人民的生活质量,安全有保障,有一定的休闲时间,可以供自己做自己喜欢的事情,有一定的资金来支持自己娱乐。”开州区某女性个体户在接受调研时表示:“应切实提高个人素质和食品安全，搞好环境公共卫生。”大足区某男性个体户在接受调研时表示：“现在社会稳定，食品、药品安全，出行方便，工作和休息两不误。”开州区某女性在校学生、丰都县某女性在校学生都认为：“目前国家安定富强，人们非常富有，社会和谐安全。”

一直以来，重庆市委、市政府高度重视市民的人身财产安全工作，一方面坚持科学立法，做到有法可依，另一方面不断加大执法和普法的力度、范围，确保法律的权威性，同时通过多样化的方式提高市民的人身财产安全意识，并取得了明显的成效，所以重庆市民生存安全感指数处于首位。

在高度重视人身财产安全工作的同时，重庆市不断加强社会治理以确保社会环境的有序性，还通过舆论引导、心理疏导和宣传主流正能量价值观等方式有效降低了社会犯罪率，从而有力地保障了市民的治安安全。因此，重庆市民对治安安全的满意度很高。

此外，重庆市委、市政府也在大力发展营造市民的安全环境。第一，近年来不断加强基建工作，保证良好的桥梁、道路状况，同时交通部门不断改进交通管制，不断提高驾驶员的素质，确保了良好的交通秩序，使市民总体上持比较满意的态度。第二，市委、市政府多次出台生产安全的文件，从政府、社会、市民三个层次规范生产安全意识，从法律、制度、规则等多方面要求生产安全性，有效降低了生产安全事故发生率，提高了市民的生产安全感。

3.对“食品健康安全”的满意度较低

从调查数据看，“群众对食品健康状况的评价”指数为69.7，说明重庆市民对食品健康状况的满意度“较低”，相对“安全感”的其他指标满意度最低。比如，垫江县某女性事业单位人员在接受调研时表示：“我认为食品安全、交通出行、生态环境、行政部门办事效率等方面需要提升品质。”开州区某女性事业单位人员在接受调研时表示：“我们要重点关注人民群众就医难，以及环境卫生、食品安全等方面的问题，这些问题的解决可以使高品质生活得到一定提高。”武隆区某女性国有企业员工在接受调研时提出：“要满足大部分人的绝大多数需求，出行方便，食品绿色安全，有较多的休闲娱乐的场所。”潼南区某女性事业单位人员接受调研时则主张：“食品安全应尽快立法，民以食为天，应吃得健康、放心。老年人生活应有基本保障。”南岸区某女性事业单位人员在接受调研时表示：“应强化市民精神文明建设，丰富文化产品产业种类，强化食品生产安全监督。”武隆区某男性公务员在接受调研时认为：“要在食品安全方面多多把关，加强对劣质食品销售商的惩处力度。”渝北区某男性个体户在接受调研时提出：“要严格执行食品安全监管。”永川区某女性在校学生在接受调研时认为：“饮食应绿色健康多元，生活必需品要有质量保障。就本质而言，食品健康安全直接关系到每一个人的切身利益，加之国内各地或多或少的食品安全事件层出不穷，导致人们对食品安全产生一定的担忧。”事实上，重庆市十分重视食品安全工作，从机制上已经形成从生产到经营的监督体系，从法律上已经形成了系统完备的食品安全法，从科技水平上已经掌握重要技术，从文化建设上已经形成食品安全饮食文化，从社会层面上已经形成打击假冒伪劣产品的风气，努力保障人民的食品安全。虽然重庆市委、市政府在保障市民的食品安全方面做了大量工作，但调查数据也反映出在食品安全工作中还存在一些短板，这也为重庆市安全建设工作重点指明了方向。

四、重庆市不同类型市民高品质生活状况对比分析

不同类型市民由于所处的经济区域、社会阶层等方面的差异，其高品质生活状况是否会存在一定差异，对这一问题的分析有利于更好地把握创造重庆高品质生活的重点和关键。对此，我们从不同区域、不同性别、不同年龄、不同文化程度、不同家庭人均月收入水平、不同职业的市民高品质生活指数进行对比分析。

（一）从不同区域市民的高品质生活指数情况看，主城都市区市民的获得感、幸福感、安全感高于渝东北地区和渝东南地区

表2-12　重庆市高品质生活指标体系主观指标分区域指数情况

指标	区域				
	重庆市	主城都市区		渝东北地区	渝东南地区
		中心城区	主城新区		
“三感”综合评价	75.7	76.2	76.1	74.9	75.5
群众获得感	72.5	73.6	73.0	71.0	71.8
群众幸福感	77.8	77.4	77.9	77.5	78.1
群众安全感	77.3	77.4	77.6	76.7	77.2
经济收入获得感	65.2	67.4	66.4	62.5	63.3

续表

指标	区域				
	重庆市	主城都市区		渝东北地区	渝东南地区
		中心城区	主城新区		
公共管理获得感	73.7	74.4	74.3	72.8	72.3
精神文化获得感	74.5	75.7	74.8	73.0	75.1
社会保障获得感	73.0	73.7	73.4	71.6	73.2
美好环境获得感	75.1	76.2	75.4	74.1	74.4
物质生活	76.6	77.1	76.7	76.0	77.3
身心健康	81.1	81.2	81.2	80.4	82.0
抱负才能	74.4	73.8	74.6	74.5	74.3
人际关系	79.3	79.3	79.5	79.1	78.9
生存安全	80.9	80.6	81.4	80.7	80.2
治安安全	80.3	80.3	80.7	79.9	79.9
环境安全	74.5	75.1	74.6	73.5	75.0

注：主观指数方差分析的*P*值为0.02，表明在不同地区之间存在显著差异。

通过对表2-12中的数据分析可以发现，中心城区和主城新区市民高品质生活主观指标的综合指数分别为76.2和76.1，在四个区域内处于前列。可见，重庆市4个片区在政治、经济、社会、文化、生态等方面的发展速度、发展规模存在较大的差距，使得不同片区的市民对高品质生活的认识和评价差异较为显著。分析其原因，可能是由于中心城区和主城新区地理优势优于渝东北地区和渝东南地区，所以能够在物质以及精神文化需求等各方面最大限度满足中心城区和主城新区的市民。比如，九龙坡区某男性事业单位人员在接受调研时认为："重庆一直在往'高品质生活'这个方向努力，且近些年重庆的发展速度很快，各项服务越来越好。也请大家相信我们政府，一定会坚持为人民服务，坚持建设高品质生活，打造宜居重庆。"同时，在重庆经济社会建设过程中，政府加大力度发展主城经济圈，对外开放程度相较以往更高，这也是中心城区和主城新区经济高速发展的原因之一。正是如此，中心城区和主城新区的人民感受到更强的获得感、幸福感以及安全感。加上现在重庆市大力发展建设"成渝地区双城经济圈"，重庆市中心城区以及主城新区进一步获得更多的便利和优惠政策。这种纵向的政策性差异使得中心城区和主城新区的市民在心理上享受较多实惠，由此高品质生活各级主观指标指数高于渝东北地区和渝东南地区。比如，彭水县某男性农民在接受调研时认为："市区发展已经非常好了，具体一些细节问题也没有亲身感受，单从我的家乡这个小县城来讲，这几年大力发展旅游业，效果显著，但是上升空间还很大，我觉得旅游业的发展不仅仅是硬件设施的建设，引进人才和留住人才才是重中之重。还有就是乡镇发展，重庆的大部分乡镇受地域限制，以前靠山吃山靠水吃水的生活只能勉强解决温饱，还得没有自然灾害才行，所以乡镇的劳动力大多外出务工，出门在外总是没有在家乡舒服的，所以要想建设高品质生活需要振兴乡村产业。以上说的这些其实很多已经在实行，只是这其中还有许多问题需要解决，当然高品质的生活也来源于享受建设和改善生活的过程，希望我们的生活越来越好！"沙坪坝区某女性个体户在接受调研时认为："希望能进一步合理规划主城内的郊区和农村，不能只建设城市内部，而忽略整体，城乡应协调发展。"

而对于渝东北和渝东南地区来说，其经济、社会、文化等方面都处于相对较弱的位置。尽管重庆市在缩小城乡区域发展差异上对渝东北和渝东南地区出台相关优惠政策，但也导致了相对激烈的竞争压力，加上人们对高品质生活有较高的心理期望和需求，从而使渝东北和渝东南地区的市民对高品质生活的"三感"综合评价在4个片区中处于相对较低水平。比如，黔江区某女性个体户在接受调研时表示："为什么主城越来越富带动的是主城周边地区经济、地位、交通、知名度的发展，而对渝东北、渝东南采取放弃状态，不管是经济、交通还是教育，长期发展缓慢，导致越来越多的人才涌入主城，为主城经济做贡献，从而渝东北、渝东南地区经济增长缓慢，民生问题严重，成为死循环。主城及周边新区形成虹吸效应，制约渝东北、渝东南片区的发展。"武隆区某男性事业单位人员在接受调研时认为："要加快乡镇发展，使发达区县与贫困区县，城区与乡镇教育水平均衡；降低城市交通拥堵，提高安全性；加快农村娱乐设施的建设，让更多的年轻人选择返家乡建设。"武隆区某女性公务员在接受调研时表示："相对主城，区县在各方面全面落后，交通配套方面还需要加强，到各个地方基本上只有私家车和客车；所在地教育配套严重不足，整个区县只有中小学，教育水平也相对落后；休闲娱乐设施相对缺乏，小区内只有简单的娱乐设施。"可见，经济发展水平的高低影响高品质生活的主观指标指数。

(二)从不同性别市民的高品质生活指数情况看,男性的获得感、幸福感、安全感普遍高于女性

表2-13 重庆市高品质生活指标体系主观指标分性别指数情况

指标	性别	
	男性	女性
"三感"综合评价	76.6	74.8
群众获得感	73.1	71.8
群众幸福感	78.8	76.8
群众安全感	78.4	76.1
经济收入获得感	66.7	63.6
公共管理获得感	74.2	73.2
精神文化获得感	74.7	74.3
社会保障获得感	73.6	72.3
美好生活获得感	75.6	74.6
物质生活	77.4	75.8
身心健康	81.6	80.6
抱负才能	75.8	72.9
人际关系	80.4	78.1
生存安全	82.3	79.5
治安安全	81.4	79.1
环境安全	75.3	73.5

注:主观指数方差分析的P值为0.00,表明在男女性别之间存在显著差异。

通过对表2-13中的数据分析可知,男性市民的高品质生活主观指标指数与女性市民的高品质生活主观指标指数情况存在比较显著性的差异,且男性市民的所有指标指数均高于女性市

民。表2-13中的数据显示，男女获得感、幸福感和安全感的每一项指标指数都有明显差异。从二级指标看，经济收入获得感的指数差距相对较大，相差值分别为3.1、2.9、2.8。可以看出，第一，男性对高品质生活的建设持更加积极的态度，由于男性普遍在工作中有较强的人际交往能力，更加善于处理人际关系，同时也能够获得较高的经济收入，在工作上能够施展抱负才能。比如，璧山区某男性国有企业员工在接受调研时表示："目前，我身体健康，工资够花，家庭和睦，父母健康，儿女孝顺。"武隆区某男性市民在接受调研时表示："目前，我有一份较好的工作，能够有时间、有钱带父母出去旅游。"丰都县某男性农民在接受调研时表示："我认为目前百姓生活富足，人民幸福美满，政为民，民拥政，社会和谐，长治久安。"潼南区某男性事业单位人员在接受调研时表示："我觉得自己吃得营养，穿得健康，住得宁静，行得通畅，幼有所扶，学有所长，老有所养。"武隆区某男性事业单位人员在接受调研时表示："在健康方面，我能够每年有至少两次的体检，生病时能够就近就医且花费的钱不会太多。现在健康方面的问题太多了，花费的钱也比较多。居住地附近的娱乐、休闲设施完善，出门能买到新鲜、健康、绿色的蔬菜。有问题能够及时联系到相关负责人解决。孩子能够找到称心如意的工作。期待出行交通方便，不堵车。"铜梁区某男性公务员在接受调研时表示："我对个人经济收入等较为满意，建议完善生活配套设施，最主要是商场、学校、医院，现在会加一个公园。对于商场，铜梁目前只有一个超联购物中心，还有永辉稍微大一些，其他的超市都比较小。虽说修了万达广场，但是万达广场还没有充分利用起来。有可能是因为交通问题，因为旧城区这边和新城区那边感觉联系不够紧密。"大渡口区某男性个体户在接受调研时表示："所谓的幸福指数和幸福指标，不同的人、不同的生活阶段、不同的生活历程要求不一样。有的人认为，身心健康就是幸福；有的人认为，家庭和睦就是幸福；有的人认为，拥有豪车、豪宅就是幸福；有的人认为，拥有一份稳定的、收入可观的工作就是幸福。其实我认为，追求一种平平凡凡的生活，有一个和睦的家庭，有身心健康的体质，生活在当今这个社会圈中，那就是幸福。目前我就具备这样的基本生活要素，所以我感觉是幸福的。”

女性市民在工作之外，还要花大量的精力照顾家庭，在工作上的投入就会低于男性，直接导致女性收入相对较低，经济收入获得感不高。此外，女性围绕家庭所能实现的抱负始终是有限的，普遍无法全身心投入职场工作实现自我价值，所以幸福感相对较低。涪陵区某女性事业单位人员在接受调研时表示："我认为幸福指数有待提高。"大渡口区某女性个体户在接受调研时指出："我认为应提高农转非退休人员的工资，太低了，基本生活都不能保障，更不要说生病，生不起病。"云阳县某女性在校学生在接受调研时指出："我认为目前房价太高，贫富差距大。"江津区某女性农民在接受调研时指出："我认为出行虽然很方便，但是交通堵塞还是有点严重；每次出去吃饭都要等很久；贫富差距依旧有点大，这个主要还是体现在某些大家看不到的地方，特别是农村地区；社会保障总体情况还是很不错的，只不过依旧存在有人靠关系获得低保，而有些真正贫困的人却得不到的情况。"

第二，在安全感这一指标上也是明显女性低于男性。这是由于女性在遇到危险的时候能够脱险的概率低于男性，这不仅仅是由于客观上女性的体质弱于男性，也是由于女性遇到危险的概率高于男性，自然高品质生活的安全感指数是女性指数低于男性指数。比如，黔江区某女性市民在接受调研时指出："我认为应该加强法律法规建设，特别是对于人贩子，应该判死刑，还有买的人也一样应判死刑，没有买卖就不会有各种拐卖孩子的情况发生。强奸未成年少女的，也要判死刑。如果法律太松了，会让很多有女孩的家庭很没有安全感。只有让人们认识到这件事的严重性，才不会有各种孩子受到伤害，甚至出现自杀事件。”同时，即使在兼容并包的重庆，女性在一定程度、一定领域仍旧得不到与男性同等的待遇，如女性就业问题、女性社会地位问题等，使得女性市民对重庆高品质生活的获得感、幸福感以及安全感均低于男性市民。第三，女性对于高品质生活的要求普遍高于男性，这是因为多数女性对于精致的文化生活和物质生活都有一定认知体验，加之现在消费主义观念的深化也导致女性对于高品质生活的要求不断提高。比如，铜梁区某女性个体户在接受调研时表示：“目前，我有一定的能够自主安排的时间，有较充裕的能够供休闲娱乐的资金，卫生环境较好。”涪陵区某女性国有企业员工在接受调研时表示：“我认为高品质生活就是人民群众对政治、经济、文化、社会和生态各方面的需要得到更好保障和满足的生活。”长寿区某女性非国有企业员工在接受调研时表示：“我认为好的教育、稳定的工作、满意的收入、舒适的居住条件和丰富的精神文化活动都是高品质生活必不可少的要素。”涪陵区某女性在校学生在接受调研时表示：“我认为首先要解决基本需要，如住房、教育资源、交通、超市购物（包括物价），其次要解决重要需要，如环境、资源（文化、经济建设等）。”江津区某女性农民在接受调研时表示：“我认为人们应该在物质和精神方面都能够满足自己的需求。在吃饱穿暖的基础上，还能补充身体营养，并且精神层面的消费也是必不可少的。”綦江区某女性市民在接受调研时表示：“建设高品质生活，不仅是环境，也包括内心的精神世界，当环境和内心的精神世界同时得到满足时，高品质生活才能出现。”多数受访女性认为，高品质生活是以物质保障为基础，同时政治、精神、文化等各方面的生活也应得到满足。

反观男性，则相对要求较低，尤其是对消费等方面的需求。如，秀山县某男性国有企业员工在接受调研时表示："我认为工资水平能够满足家庭需要，遇到急需花钱的事能够有能力处理即可。"黔江区某男性在校学生在接受调研时表示："我认为高品质生活就是要自由自在。"南川区某男性事业单位人员在接受调研时表示："我认为应在满足自身基本生活需求的基础上追求更高质量的生活。"巫溪县某男性在校学生在接受调研时表示："我认为高品质生活应该交通便利，环境优美，社会和谐。"

（三）从不同年龄市民的高品质生活指数情况看，18岁以下的未成年人和36-45岁的成年人获得感、幸福感、安全感相对较高，60岁以上的老年人获得感、幸福感、安全感相对较低

表2-14　重庆市高品质生活指标体系主观指标不同年龄指数情况

指标	年龄				
	18岁以下	18-35岁	36-45岁	46-60岁	60岁以上
"三感"综合评价	79.6	76.0	76.5	74.1	72.2
群众获得感	77.9	72.3	73.3	71.4	71.2
群众幸福感	79.5	78.7	78.7	75.6	70.8
群众安全感	79.5	77.7	78.0	75.6	74.3
经济收入获得感	68.1	64.0	67.3	65.2	66.0
公共管理获得感	79.2	73.4	74.5	73.0	72.1
精神文化获得感	80.3	74.6	74.7	74.0	71.3
社会保障获得感	80.9	73.8	72.8	70.1	71.2
美好环境获得感	79.9	74.7	76.2	74.1	74.5
物质生活	81.7	76.9	76.9	75.2	74.8
身心健康	84.9	83.3	80.6	77.3	71.4
抱负才能	76.3	75.6	76.9	71.9	58.0

续表

指标	年龄				
	18岁以下	18-35岁	36-45岁	46-60岁	60岁以上
人际关系	81.5	79.2	80.2	78.2	78.7
生存安全	82.7	80.8	82.5	79.9	78.1
治安安全	81.0	80.2	81.4	79.8	78.0
环境安全	78.3	75.7	74.3	71.4	70.7

注：主观指数方差分析的P值为0.00，表明在不同年龄之间存在显著差异。

通过对表2-14中的数据分析可知，“三感”综合评价指数按照从高到低的顺序分别为18岁以下（79.6）、36-45岁（76.5）、18-35岁（76.0）、46-60岁（74.1）、60岁以上（72.2）。通过对比分析可以看出，不同年龄段市民对“三感”问题的评价各不相同，18岁以下、18-35岁和36-45岁市民的“三感”综合评价指数都在75.0以上，60岁以上市民的综合评价指数相对较低。分析其原因：第一，18岁以下市民在精神文化获得感、社会保障获得感、物质生活三个方面的指数均在80.0以上，远远高于其他年龄段市民的评价。我国自实施九年义务教育以及提倡素质教育、德智体美劳全面教育以来，青少年在精神文化方面的认知不断增强。同时，党的十八大以来始终以优先发展教育和人才强国、科教兴国战略为核心，为青少年精神文化的培育提供了更优质的策略，保证了青少年获得最基础的精神文化的客观需要；与此同时，我国已经步入新时代，成为世界第二大经济体，在某些领域已经走向世界前列，重庆市作为直辖市之一，经济建设自然也相对走在前列。在重庆市委、市政府大力扶持中小微企业的政策以及强化城镇农村一体化发展的推动下，重庆市民的腰包逐渐鼓起来了，对于青少年养育的经费也比较充足。中国式父母的养育是把最好的留给孩子，无疑2000年左右出生的青少年在父母的支持下能够有较好的物质和精神生活保障。比如，大足区某男性在校学生在接受调研时表示："我认为当前创造高品质生活需要重点解决的问题是'心理认同'问题。心理认同是决定高品质生活的核心因素，因每个人的具体情况、发展阶段不同，因此对高品质生活的定义也不同。大众极易受媒体、明星影响，小孩极易受父母等亲近之人影响，个体极易受大众影响，因此一个较坚定的心理认同是核心因素，这主要与人格独立、心理发展阶段有关。"涪陵区某女性在校学生在接受调研时表示："我认为在环境方面下功夫，所取得的成绩是肉眼可测的，不用很长的时间就可以让城市整洁鲜活起来。此外，始终保持良好的城市环境比进行环境整改更不容易。"江津区某女性在校学生在接受调研时表示："我认为应提高经济生活水平，满足人民的消费需求；增加公民参与决策的渠道并提高公民参与社会决策的能力，更好地保障公民的权益；加强社区内公共设施的建设，提高居民生活质量。"黔江区某女性在校学生在接受调研时表示："我认为市民的基本保障应该得到满足，像人身、财产安全，特别是农民工工资拖欠问题严重，应该让农民工及时享受自己的劳动成果。大学生可以更好地在课余时间做兼职，严查需要先交钱的兼职机构，让大学生在自身利益得到保护的同时可以实现更多的价值，更好地享受生活。"不难看出，学生的关注面更广，包括政治参与、社会发展、城市建设等。

第二，在身心健康、生存安全、治安安全三个方面，18岁以下、36-45岁以及18-35岁的市民，指数达到了80.0以上，评价为"满意度较高"。这是因为这个年龄段的人绝大多数在生理上正值精力充沛、身强力壮的时期，身体健康状况都比较优良。比如，南岸区某男性市民在接受调研时表示："我们应切实保证食品安全，提高生态环境质量，完善医疗及教育水平等，缩小贫富差距，建立公平透明的社保体系与和谐的社会关系。"云阳县某女性在校学生在接受调研时表示："应适当加强文化基础设施建设，希望有更完善、更方便、更快捷的社区文化设施，这样能更好地丰富我们的精神文化需求，起到陶冶情操，提升生活质量的作用。"这一年龄区间的人们或处于求学状态，或处于工作拼搏状态，或处于家庭幸福、工作顺利的状态，他们都有共同的特点，都在为实现各自的价值而奋斗，对生活充满希望，心理健康状况普遍较为乐观。比如，铜梁区某男性公务员在接受调研时提出："高品质生活最主要的就是首先保证民生，然后加强法制，最后要落实到每个人的发展，使每个人能够充分地发挥自己的优势，实现职业的上升。不能形成阶级固化，如果形成阶级固化，不说生活的高品质，至少生活就没有向上的动力。"忠县某女性事业单位人员在接受调研时表示："我最迫切的需求是一家人都平安健康！作为70后的我们，人生过半，上有年迈的公婆，下有正在上大学和高中的一双儿女，肩负上有老下有小的责任，必须得有一个健健康康的身体才行，健康是革命的本钱。"

第三，60岁以上市民抱负才能指标的指数"很低"，只有58.0，远低于平均值。这是由于这部分人大多都处于退休状态，在自我理想抱负上失去了动力基础。从现实层面而言，60岁以上的市民想要实现自我理想在体力上也跟不上年轻人，时间相对也不充裕(大部分需要留守在家看守子女的下一代)，处于心有余而力不足的情况；从社会层面而言，60岁以上的老人再就业得不到相应的支持和保障，同时这些老人也有退休金和养老保险作为基本生活保障，丧失了对于实现自我理想的动力和信心。开州区某男性非国有企业员工在接受调研时建议："应以人民为中心，顺应人民对美好生活的向往，增强人民群众对美好生活的获得感、幸福感、安全感。追求‘幼有善育、学有优教、劳有厚得、病有良医、老有颐养、住有宜居、弱有众扶’的民生幸福标杆。”

（四）从不同文化程度市民的高品质生活指数情况看，研究生的获得感、幸福感、安全感最高，初中及以下学历人群的获得感、幸福感、安全感最低

表2-15　重庆市高品质生活指标体系主观指标不同文化程度指数情况

指标	文化程度			
	初中及以下	高中、中专	本科、专科	研究生
“三感”综合评价	72.8	76.2	76.4	79.7
群众获得感	69.6	73.0	73.0	77.5
群众幸福感	73.8	78.2	77.7	82.3
群众安全感	75.5	77.6	77.7	79.4
经济收入获得感	60.2	66.1	65.7	77.8
公共管理获得感	71.0	74.4	74.0	78.6
精神文化获得感	72.5	75.2	74.8	77.9
社会保障获得感	70.0	73.0	73.9	76.5
美好生活获得感	73.3	75.5	75.6	76.7
物质生活	73.3	76.7	77.7	80.6
身心健康	76.8	81.6	82.5	84.2
抱负才能	68.7	75.2	75.8	82.1
人际关系	76.8	79.5	79.9	82.5
生存安全	79.2	81.9	81.0	82.2
治安安全	79.4	80.5	80.4	82.3
环境安全	71.9	74.5	75.3	77.4

注：主观指数方差分析的P值为0.00，表明在不同教育水平之间存在显著差异。

通过对表2-15中的数据分析可以看出，初中及以下文化程度和研究生文化程度市民的“三感”综合评价指数呈现出明显的差异，文化程度最低即初中及以下为72.8，文化程度最高即研究生为79.7。在抱负才能的评价指标中，初中及以下文化水平的市民的指数只有68.7，而研究生文化水平的市民则有82.1，出现了13.4的差值。这主要是因为初中及以下文化水平市民绝大多数只能从事简单的体力劳动，同时，由于生活压力，没有时间和精力提升自己，只能按部就班地生活。同时，文化程度为研究生的市民经过多年寒窗苦读，具有某些领域的专业知识和能力，能够从事比较高要求的工作，较为容易实现人生理想。深入来看，这两类市民在经济收入获得感指数出现了17.6的差值，即初中及以下为60.2、研究生为77.8。这个差异基于工作的差异化，随之而来的经济收入也产生一定的差异。当前，社会发展不平衡不充分，不同文化程度的市民在不同领域的伸展能力有限，比如初中及以下文化水平的市民大多数未掌握科技和专业技能，不了解最新科技发展原理和趋势，从而创造的价值较低，而文化程度较高的市民一般能够充分利用所学知识实现价值创造最大化。由于经济收入差距和工作性质不同，导致身心健康、物质生活、公共管理获得感等多方面指数的差距，从而最终呈现出研究生文化水平的市民“三感”综合评价指数最高，初中及以下文化水平的市民“三感”综合评价指数最低的结果。比如，巴南区某女性城市农民工在接受调研时表示：“应提高经济收入，解决孩子的受教育条件水平问题、父母的养老问题。”南川区某男性城市农民工在接受调研时表示：“我认为高品质生活要在金钱（物质财富)、稳定的工作、生活等方面有一定的保障。我知道自己学历较低,很多工作只能做苦力,稳定的工作可以带来稳定的收入,一份收入可以带来安全感。在生活保障上,高品质生活要有交通、医疗、服务等方面的保障,这也是我们城市农民工所期待的。"黔江区某男性城市农民在接受调研时十分关注农民工工资拖欠问题,他指出:"拖欠我们农民工工资的情况很严重,每年都盼着这点钱去支付一家全部开销,希望这个情况能得到整治。还有就是教育问题,存在不公平的现象,农民的孩子始终不能享受和城里孩子一样优质的教育。"綦江区某女性城市农民工在接受调研时表示:"我最迫切需求的就是经济方面,孩子的生活以及在学校的学习方面。从孩子出发,希望孩子能更好。"

(五)从不同家庭人均月收入市民的高品质生活指数情况看,收入水平与获得感、幸福感、安全感呈正相关,收入越高的家庭获得感、幸福感、安全感越高

表2-16　重庆市高品质生活指标体系主观指标不同家庭人均月收入指数情况

指标	收入				
	1000元以下	1000-3000元	3000-5000元	5000-10000元	10000元以上
"三感"综合评价	68.5	72.6	75.9	78.2	79.5
群众获得感	63.6	74.1	72.6	75.6	76.6
群众幸福感	71.3	71.7	78.0	80.2	82.8
群众安全感	71.8	75.3	77.7	78.9	79.3
经济收入获得感	50.2	57.8	64.9	71.3	75.2
公共管理获得感	64.3	70.4	74.1	76.7	76.9

续表

精神文化获得感	68.3	72.6	74.9	76.3	76.6
社会保障获得感	66.4	70.5	73.1	75.4	75.6
美好环境获得感	67.6	72.7	75.2	77.5	78.6
物质生活	69.0	73.3	76.3	79.7	82.2
身心健康	75.1	77.5	81.6	83.1	84.9
抱负才能	66.0	69.4	75.0	77.3	79.7
人际关系	75.1	76.0	79.1	80.9	84.6
生存安全	73.7	78.3	81.2	82.7	84.9
治安安全	74.9	78.7	80.8	81.6	81.6
环境安全	69.9	72.5	74.8	76.1	75.7

注：主观指数方差分析的 P 值为 0.00，表明在各个收入水平之间存在显著差异。

通过对表 2-16 中的数据分析可以发现，不同家庭人均月收入对“三感”综合评价指数呈现出阶梯式状况，具体指数为：1000 元以下（68.5）、1000-3000 元（72.6）、3000-5000 元（75.9）、5000-10000 元（78.2）、10000 元以上（79.5）。家庭人均月收入越低“三感”综合指数也越低。分析其原因，在“三感”综合指数的每个具体问题评价中，都呈现出随着家庭人均月收入高低而起伏的现象，其中经济收入获得感表现得最突出：1000 元以下指数仅为 50.2，1000-3000 元为 57.8，3000-5000 元为 64.9，5000-10000 元为 71.3，10000 元以上为 75.2，最高与最低指数差额达到 25。“经济基础决定上层建筑”在这里得到了充分体现，收入低的市民，面对高消费、高房价等诸多现实生活中的问题，一方面他们更倾向于廉租房、降价菜等质量不高的消费，廉价房区人口比较复杂、治安不够好、环境不够美，廉价生活用品大多质量不高，由此他们对环境安全、美好环境获得感、物质生活等方面的满意度不高。比如，开州区某男性个体户在接受调研时表示："我认为首先肯定是衣食住行，这是最基本的方面。现在咱们已经进入小康社会，但还是有人存在一些生活困难，高品质生活，必须得建立在共同富裕，不说共同，至少大部分人都应有这样的生活条件。现在的收入，两极化非常严重，高品质的非常高，低的也非常低。"另一方面，这部分市民迫于生活，工作压力比较大、业余时间比较少，对于社交、旅游、公共管理参与等都不太积极，因此他们对精神文化获得感、人际关系、抱负才能、幸福感等方面满意度的评价大大降低。从而最终形成了家庭人均月收入越低，"三感"综合评价指数就越低的现象。比如，铜梁区某男性个体户在接受调研时表示："我认为要着力解决贫困问题，实现到2020年全面建成小康社会的目标，使低收入人群达到"两不愁三保障"，满足人民群众衣食住行等基本需求；要补齐民生短板，认真实施以需求为导向的保障和改善民生行动计划，切实解决人民群众普遍关心的问题；要关注社会问题，切实解决大城市病，打好三大攻坚战。"

(六)从不同职业市民的高品质生活指数情况看,公务员、事业单位人员、国企员工的获得感、幸福感、安全感较高,农民、城市农民工的获得感、幸福感、安全感较低

表2-17 重庆市高品质生活指标体系主观指标不同职业指数情况

指标	职业								
	公务员	事业单位人员	国有企业员工	非国有企业员工	个体户	农民	城市农民工	在校学生	其他
“三感”综合评价	83.8	77.9	77.2	74.9	76.8	70.2	73.1	76.2	74.2
群众获得感	82.5	75.4	74.8	71.5	73.9	66.3	68.6	72.8	70.3
群众幸福感	85.3	80.2	78.0	77.5	79.2	71.3	76.1	78.3	76.0
群众安全感	83.3	78.4	78.0	76.2	77.7	73.6	75.7	78.0	76.6
经济收入获得感	80.8	72.5	71.1	65.8	68.8	54.9	59.6	61.9	60.5
公共管理获得感	84.4	77.0	76.4	73.3	74.7	66.9	70.4	73.3	71.8
精神文化获得感	81.4	76.0	76.1	72.6	75.5	70.0	72.4	75.9	73.0
社会保障获得感	82.2	74.2	74.1	72.2	72.7	67.9	68.8	75.6	71.2
美好环境获得感	83.3	76.7	75.8	73.0	77.1	70.7	70.9	76.2	73.9
物质生活	85.9	79.4	77.5	74.8	77.5	71.0	72.9	78.2	74.7
身心健康	87.6	81.5	80.8	80.4	81.8	74.0	79.5	83.4	80.8
抱负才能	82.3	77.9	77.2	77.1	77.1	66.1	74.8	73.1	69.9
人际关系	85.3	82.0	80.4	80.6	75.4	74.4	77.3	78.7	78.8
生存安全	86.5	83.5	82.1	79.9	82.0	76.2	79.5	80.1	80.5
治安安全	85.3	81.7	81.1	78.9	80.3	77.1	80.9	80.3	79.8
环境安全	81.6	74.4	74.9	73.5	74.7	71.0	71.1	76.8	73.5

通过对表2-17中的数据分析可以看出，公务员、事业单位人员、国企员工与农民、城市农民工的获得感、幸福感、安全感呈现出明显的差异，“三感”综合评价指数分别为：公务员（83.8）、事业单位人员（77.9）、国有企业员工（77.2）、农民（70.2）、城市农民工（73.1）。分析其原因：第一，公务员、事业单位人员和国有企业员工，他们的收入不仅稳定，而且综合收入普遍高于农民和城市农民工，因而在物质生活、居住环境等多方面的满意度评价要高于农民和城市农民工。比如，璧山区某男性公务员在接受调研时表示：“应该做到人民有素养，政策有保障。”綦江区某男性事业单位人员在接受调研时表示：“我认为首先国家要加强社会保障体系建设，要能够解决正常的生活所需，每个人最基本的衣食住行要能够有所保障，在此基础上追求高品质生活；其次就是政府层面应该加强供给侧改革，社会方面提高服务质量，让人们可以享受到高品质的服务；再者就是个人层面应当提高个人素养，树立正确的价值取向。”江津区某男性国有企业员工在接受调研时表示：“我希望能丰衣足食，社会和谐，环境优美，期望工资福利能有所提高，这样退休有盼头。还希望能让老百姓医得起病，大病不拖累一家人。”潼南区某女性公务员在接受调研时表示：“应该完善交通设施，让所有人更好地出行，更好地生活，从而带动国家经济；还应提供基础医疗设施，尤其是面对越来越老龄化的社会，医疗是重中之重。依照现在国家的扶贫政策，建议重点保障那些因病致贫的人的生活，解决他们的后顾之忧。加强基础教育，国家要发展，教育也要跟上。例如，幼儿园和小学能多办就多办，让大多数人都不为子女的教育发愁，看得到未来，看得到希望。”璧山区某男性国有企业员工在接受调研时表示：“希望人民群众对政治、经济、文化、社会和生态各个方面的美好需要,都能得到更好保障和满足。”第二,公务员、事业单位人员和国有企业人员的工作稳定、工作强度相对不大、业余时间充足,有经济能力和时间条件享受美好生活,如通过看电影、品美食、旅行等释放生活压力,时常处于健康愉快的生活状态。比如,巫溪县某男性公务员在接受调研时表示:“我最迫切的需求就是解决孩子的教育问题,希望孩子能够接受到更加优质的教育,实现教育资源、能力的公平化,建议注重区县教育建设,提高教学条件、教学环境等,能让农村的孩子受到更好更全面的教育,实现教育公平。”大足区某男性国有企业员工在接受调研时表示:“我认为自己要有经济能力,要能保障自己的物质生活和精神生活。此外,还能合理安排自己的休闲生活。”相反农民和城市农民工工作和收入不稳定、工作强度较大、生活比较单调、生活压力比较大,这也是“三感”综合评价指数相对较低的主要原因。比如,江津区某女性农民在接受调研时表示:“我希望经济方面能够再宽松点,很多农村人每年除了种庄稼,只能靠政府的基本生活补贴。虽然能够满足生活,但是其他方面的需求得不到满足。”黔江区某男性城市农民工在接受调研时建议:“应该从严执法,特别是劳动法这方面,农民工的权益真的很多时候得不到保障。还有农民孩子的教育问题,农村稍微好点的老师都被调走了,我希望能给农村的孩子们带来更多福利。”第三,公务员、事业单位人员和国企人员都有“五险一金”的福利待遇,这为他们提供了很多生活上的保障,相反农民和城市农民工的福利待遇要差很多,绝大多数农民和城市农民工仅自行购买了养老保险且参保金额较低,所以在社会保障等方面,农民和城市农民工的满意度低于公务员、事业单位人员和国有企业人员。比如,黔江区某女性市民在接受调研时表示:“部分农村干部缺乏为人民服务的意识，有些本来该有低保的没有，一些有低保的基本上都是干部的各种亲戚，这些农村干部中饱私囊，建议领导暗访各个乡镇去看看实际情况怎么样，特别要听取老百姓的意见。此外，现在房价一年比一年高，钱一年比一年难挣，所以很多人都出门打工，把孩子留在家里做留守儿童。建议政府考虑这一现状并设法加以改善，让每个人都能在家赚钱还能陪孩子。”工作、生活和社会保障多方面的待遇差异，最终导致了两者“三感”综合评价指数不同。

五、重庆市民高品质生活调研后的思考

（一）重庆市高品质生活指标体系主观指标综合指数取得75.7的成绩确实不易

近年来，在重庆市委、市政府的坚强领导下，重庆市经济、文化、生态文明等各方面建设取得了较好成绩，75%的市民对生活品质的整体满意度是较高的。按照课题组提出的高品质生活评价指标体系，初步预测2020年重庆市的指数为70.3，说明高品质生活指标体系的客观评价指标和主观指标基本相吻合，但也存在一定误差。究其原因，重庆特有的大农村、大城市并存，发展差异很大，作为西部唯一的直辖市还面对诸多挑战。在此次调查中，通过网络问卷和访谈的形式，市民参与建言非常踊跃，反映比较突出的问题主要表现在食品安全、养老、就业以及经济收入等方面，建议有关部门还需进一步关注相关问题，有针对性地制定相关政策，切实加以整改解决。

（二）关注不同区域间的平衡发展问题

从调查的四个区域（中心城区、渝东南地区、渝东北地区、主城新区）来看，中心城区和主城新区的高品质生活指标指数高于渝东南和渝东北地区。建议重庆市委、市政府始终坚持统筹城乡全面发展，缩小城乡差距，让经济成果惠及更多的人民群众。继续把解决好"三农"问题作为全部工作的重中之重，加大以工促农、以城带乡力度，把基础设施建设和社会事业发展重点放在农村，促进城乡经济社会一体化发展。

（三）大力发展经济，建立收入分配监督调解机制

经济收入水平的高低是影响能否创造高品质生活的关键因素，建议重庆市委、市政府加大力度发展经济，整体经济上涨才是带动市民经济收入提高的根本。同时，继续做好调节收入分配的政策措施，包括严格执行最新的最低工资标准和最低小时工资，提高离退休人员待遇，逐步缩小部门之间、区县之间的差距，加强对高收入国有企业和事业单位收入分配的调控、监管。

（四）关注弱势群体、低收入群体的生活状况

课题组在调研中发现，不少受访者高度关注弱势群体、低收入群体，并且医疗、教育、养老等问题尤为突出。比如，开州区某男性个体户在接受调研时提出："应增加垃圾桶，实行垃圾分类，并且要及时处理垃圾；增加公共厕所数量；完善医疗卫生服务，让我们看病方便。"万州区某女性市民在接受调研时表示："我认为目前医疗资源不足，建议扩大医院的规模，或者建设更多的医

院。”北碚区某女性事业单位人员在接受调研时表示:“应完善社区基础体育设施建设,老旧设施要进行更换,以满足人们在家附近就能进行锻炼;社区基层医疗要跟进,希望能有社区家庭医生,以满足老年人就近就医的需求;应建立社区图书室和活动室,定期组织社区居民开展读书活动,并举办一些健康、金融、法律方面的讲座,用正确的知识引导居民尤其是老年人,让他们不要被伪科学、假消息所欺骗。”南川区某女性在校学生在接受调研时表示:“要注重教育,教育决定一个人的教养,良好的教育背景会让人保持良好的气质和谈吐,人之间是相互影响的;还应健全公共服务体系,比如公园的健身器材,定时更新换代;完善相关医疗制度,医疗费用尽量控制在普通百姓能够承受范围之内,身心健康是相辅相成的,人们有了健康的体魄,就会有很好的心情和精神。”潼南区某男性事业单位人员在接受调研时建议:“应实行区县与主城交通一卡通,增加养老待遇及医疗保障,控制物价上涨,特别是肉类食品价格的上涨。”有鉴于此,课题分类提出相应的对策建议。针对老年人群体,建议继续完善有关养老保障的系列政策,同时继续探索新的尝试,如江北区江北城街道开创了“一站式”社区养老服务模式,让生活在社区的老年人不出社区就能享受到全方位的医疗护理、生活照料、营养配餐等精细化服务,让生活在社区的老人真正实现老有所养、老有所乐、老有所为,切实增强老年人的幸福感。针对低收入群体,一方面,要积极增加就业岗位,发展就业容量大的劳动密集型产业,针对低收入群体的自身特点,开发适合他们的就业岗位,缓解他们面临的就业压力;另一方面,要继续加强对低收入居民的帮扶力度,采取实物补助和现金补助等多措并举的方式,帮助低收入家庭解决生活问题。

（五）加强对重庆高品质生活评价指标体系的预警监测工作，建立及时准确的监测制度

不定期测算重庆高品质生活指标体系情况，监测重庆高品质生活的动态走势，充分发挥评价指标体系对重庆高品质生活指标的动态预警作用，对关注较低的指标及时分析、解决和处理。对影响重庆高品质生活的因素进行专题调查研究，形成调研报告，供市委、市政府决策参考。同时，按年度或季度将创造重庆市高品质生活的综合评价情况、取得的成绩和存在的问题以及处理措施向市委、市政府报告，并在允许的情况下向社会公布。

（六）按照全市创造重庆高品质生活的阶段性目标要求，将考核任务按单项考核指标分解落实到市级机关部门，明确牵头与责任部门

重庆市高品质生活评价指标体系要立足重庆的普遍性，突出系统性、层次性、动态性。要从以往的偏重经济增长指标向社会指标、人文指标、环境指标等方面拓展，用反映重庆总体发展状况的指标体系取代单一的以GDP衡量重庆经济发展状况的做法。同时，要用如获得感、幸福感以及安全感等主观指标来补充、弥补和完善重庆市高品质生活的评价指标体系。

（七）用发展的观点看重庆高品质生活指标体系

目前的指标体系还不是全部的、完善的指标，要在实施过程中不断完善、修正和提炼。创造重庆高品质生活是一个长期的系统工程，指向的是不断发展变化的充满生机和活力的重庆市经济社会体，相应的指标体系也要具备动态与发展的趋势，使有关部门能够以这些指标为参照系，指导各项工作。

附件：重庆市民高品质生活调查问卷统计表

一、个人基本情况

1.调查对象所在的区县：

区域	主城都市区		渝东北地区	渝东南地区	总计
	中心城区	主城新区			
人数/人	1002	1717	1213	499	4431
占比	22.61%	38.75%	27.38%	11.26%	100.00%

2.你的性别：

性别	男	女	总计
人数/人	2278	2153	4431
占比	51.41%	48.59%	100.00%

3.你的年龄：

年龄	18岁以下	18-35岁	36-45岁	46-60岁	60岁以上	总计
人数/人	161	2243	960	867	200	4431
占比	3.63%	50.62%	21.67%	19.57%	4.51%	100.00%

4.你的文化程度：

文化程度	初中及以下	高中、中专	本科、专科	研究生	总计
人数/人	978	1066	2162	225	4431
占比	22.07%	24.06%	48.79%	5.08%	100.00%

5. 你目前家庭人均月收入水平：

家庭人均月收入	1000元以下	1000–3000元	3000–5000元	5000–10000元	10000元以上	总计
人数/人	270	851	1834	1043	433	4431
占比	6.09%	19.21%	41.39%	23.54%	9.77%	100.00%

6. 你的职业：

职业	公务员	事业单位人员	国有企业员工	非国有企业员工	个体户	农民	城市农民工	在校学生	其他	总计
人数/人	181	619	343	449	587	387	299	840	726	4431
占比	4.08%	13.97%	7.74%	10.13%	13.25%	8.73%	6.75%	18.96%	16.38%	100.00%

二、主观指标调查情况

1. 您当前的收入水平能否满足您的需要？

总体情况			满意程度调查结果				
			能够满足	较能满足	基本能满足	不能满足	完全不能满足
主城都市区	中心城区	人数/人:1002	198	206	384	181	33
		占比:22.61%	19.76%	20.56%	38.32%	18.06%	3.29%
	主城新区	人数/人:1717	274	349	721	322	51
		占比:38.75%	15.96%	20.33%	41.99%	18.75%	2.97%
渝东北地区		人数/人:1213	173	224	460	292	64
		占比:27.38%	14.26%	18.47%	37.92%	24.07%	5.28%
渝东南地区		人数/人:499	78	69	206	119	27
		占比:11.26%	15.63%	13.83%	41.28%	23.85%	5.41%
总计		人数/人:4431	723	848	1771	914	175
		占比:100.00%	16.30%	19.10%	40.00%	20.60%	4.00%

2.您当前的工作状况能否满足您的需要?

总体情况			满意程度调查结果				
			能够满足	较能满足	基本能满足	不能满足	完全不能满足
主城都市区	中心城区	人数/人:1002	199	223	370	181	29
		占比:22.61%	19.86%	22.26%	36.93%	18.06%	2.89%
	主城新区	人数/人:1717	319	372	680	294	52
		占比:38.75%	18.58%	21.67%	39.60%	17.12%	3.03%
渝东北地区		人数/人:1213	190	216	427	313	67
		占比:27.38%	15.66%	17.81%	35.20%	25.80%	5.52%
渝东南地区		人数/人:499	82	100	192	98	27
		占比:11.26%	16.43%	20.04%	38.48%	19.64%	5.41%
总计		人数/人:4431	790	911	1669	886	175
		占比:100.00%	17.80%	20.60%	37.70%	20.00%	4.00%

3.当前的公共事务参与能否满足您的需要?

总体情况			满意程度调查结果				
			能够满足	较能满足	基本能满足	不能满足	完全不能满足
主城都市区	中心城区	人数/人:1002	247	224	399	117	15
		占比:22.61%	24.65%	22.36%	39.82%	11.68%	1.50%
	主城新区	人数/人:1717	407	396	694	185	35
		占比:38.75%	23.70%	23.06%	40.42%	10.77%	2.04%
渝东北地区		人数/人:1213	243	261	493	177	39
		占比:27.38%	20.03%	21.52%	40.64%	14.59%	3.22%
渝东南地区		人数/人:499	100	103	216	67	13
		占比:11.26%	20.04%	20.64%	43.29%	13.43%	2.61%
总计		人数/人:4431	997	984	1802	546	102
		占比:100.00%	22.50%	22.20%	40.70%	12.30%	2.30%

4. 当前的法制建设状况能否满足您的需要？

总体情况			满意程度调查结果				
			能够满足	较能满足	基本能满足	不能满足	完全不能满足
主城都市区	中心城区	人数/人:1002	310	295	328	60	9
		占比:22.61%	30.94%	29.44%	32.73%	5.99%	0.90%
	主城新区	人数/人:1717	546	495	578	80	18
		占比:38.75%	31.80%	28.83%	33.66%	4.66%	1.05%
渝东北地区		人数/人:1213	399	317	411	68	18
		占比:27.38%	32.89%	26.13%	33.88%	5.61%	1.48%
渝东南地区		人数/人:499	157	132	177	25	8
		占比:11.26%	31.46%	26.45%	35.47%	5.01%	1.60%
总计		人数/人:4431	1412	1239	1494	233	53
		占比:100.0%	31.90%	28.00%	33.70%	5.00%	1.20%

5. 当前的政府工作效率能否满足您的需要？

总体情况			满意程度调查结果				
			能够满足	较能满足	基本能满足	不能满足	完全不能满足
主城都市区	中心城区	人数/人:1002	272	285	350	86	9
		占比:22.61%	27.15%	28.44%	34.93%	8.58%	0.90%
	主城新区	人数/人:1717	478	453	618	143	25
		占比:38.75%	27.84%	26.38%	35.99%	8.33%	1.46%
渝东北地区		人数/人:1213	320	315	426	118	34
		占比:27.38%	26.38%	25.97%	35.12%	9.73%	2.80%
渝东南地区		人数/人:499	118	130	190	44	17
		占比:11.26%	23.65%	26.05%	38.08%	8.82%	3.41%
总计		人数/人:4431	1188	1183	1584	391	85
		占比:100.0%	26.80%	26.70%	35.80%	8.80%	1.90%

6. 当前的教育状况能否满足您的需要?

总体情况			满意程度调查结果				
			能够满足	较能满足	基本能满足	不能满足	完全不能满足
主城都市区	中心城区	人数/人:1002	298	292	310	89	13
		占比:22.61%	29.74%	29.14%	30.94%	8.88%	1.30%
	主城新区	人数/人:1717	489	464	607	135	22
		占比:38.75%	28.48%	27.02%	35.35%	7.86%	1.28%
渝东北地区		人数/人:1213	329	313	424	126	21
		占比:27.38%	27.12%	25.80%	34.95%	10.39%	1.73%
渝东南地区		人数/人:499	148	132	173	36	10
		占比:11.26%	29.66%	26.45%	34.67%	7.21%	2.00%
总计		人数/人:4431	1264	1201	1514	386	66
		占比:100.00%	28.50%	27.10%	34.20%	8.70%	1.50%

7. 当前的精神文化生活能否满足您的需要?

总体情况			满意程度调查结果				
			能够满足	较能满足	基本能满足	不能满足	完全不能满足
主城都市区	中心城区	人数/人:1002	305	295	313	74	15
		占比:22.61%	30.44%	29.44%	31.24%	7.39%	1.50%
	主城新区	人数/人:1717	490	457	640	110	20
		占比:38.75%	28.54%	26.62%	37.27%	6.41%	1.16%
渝东北地区		人数/人:1213	320	314	422	128	29
		占比:27.38%	26.38%	25.89%	34.79%	10.55%	2.39%
渝东南地区		人数/人:499	147	138	171	34	9
		占比:11.26%	29.46%	27.66%	34.27%	6.81%	1.80%
总计		人数/人:4431	1262	1204	1546	346	73
		占比:100.00%	28.50%	27.20%	34.90%	7.80%	1.70%

8. 当前的社会保障状况能否满足您的需要?

总体情况			满意程度调查结果				
			能够满足	较能满足	基本能满足	不能满足	完全不能满足
主城都市区	中心城区	人数/人:1002	276	282	326	104	14
		占比:22.61%	27.54%	28.14%	32.53%	10.38%	1.40%
	主城新区	人数/人:1717	463	481	594	156	23
		占比:38.75%	26.97%	28.01%	34.60%	9.09%	1.34%
渝东北地区		人数/人:1213	314	320	422	131	26
		占比:27.38%	25.89%	26.38%	34.79%	10.80%	2.14%
渝东南地区		人数/人:499	127	133	185	43	11
		占比:11.26%	25.45%	26.65%	37.07%	8.62%	2.20%
总计		人数/人:4431	1180	1216	1527	434	74
		占比:100.00%	26.63%	27.44%	34.46%	9.19%	1.70%

9. 当前的卫生服务水平能否满足您的需要?

总体情况			满意程度调查结果				
			能够满足	较能满足	基本能满足	不能满足	完全不能满足
主城都市区	中心城区	人数/人:1002	287	297	332	75	11
		占比:22.61%	28.64%	29.64%	33.13%	7.49%	1.10%
	主城新区	人数/人:1717	443	518	624	112	20
		占比:38.75%	25.80%	30.17%	36.34%	6.52%	1.16%
渝东北地区		人数/人:1213	307	336	441	106	23
		占比:27.38%	25.31%	27.70%	36.36%	8.74%	1.90%
渝东南地区		人数/人:499	136	143	184	28	8
		占比:11.26%	27.25%	28.66%	36.87%	5.61%	1.60%
总计		人数/人:4431	1173	1294	1581	321	62
		占比:100.00%	26.50%	29.20%	35.70%	7.20%	1.40%

10. 当前的养老服务能否满足您的需要?

总体情况			满意程度调查结果				
			能够满足	较能满足	基本能满足	不能满足	完全不能满足
主城都市区	中心城区	人数/人:1002	231	284	344	125	18
		占比:22.61%	23.05%	28.34%	34.33%	12.48%	1.80%
	主城新区	人数/人:1717	410	461	601	210	35
		占比:38.75%	23.88%	26.85%	35.00%	12.23%	2.04%
渝东北地区		人数/人:1213	255	311	419	189	39
		占比:27.38%	21.02%	25.64%	34.54%	15.58%	3.22%
渝东南地区		人数/人:499	122	132	177	55	13
		占比:11.26%	24.45%	26.45%	35.47%	11.02%	2.61%
总计		人数/人:4431	1018	1188	1541	579	105
		占比:100.00%	23.00%	26.80%	34.80%	13.10%	2.40%

11. 当前的交通出行能否满足您的需要?

总体情况			满意程度调查结果				
			能够满足	较能满足	基本能满足	不能满足	完全不能满足
主城都市区	中心城区	人数/人:1002	357	304	287	44	10
		占比:22.61%	35.63%	30.34%	28.64%	4.39%	1.00%
	主城新区	人数/人:1717	564	483	583	67	20
		占比:38.75%	32.85%	28.13%	33.95%	3.90%	1.16%
渝东北地区		人数/人:1213	416	309	401	70	17
		占比:27.38%	34.30%	25.47%	33.06%	5.77%	1.40%
渝东南地区		人数/人:499	158	131	172	28	10
		占比:11.26%	31.66%	26.25%	34.47%	5.61%	2.00%
总计		人数/人:4431	1495	1227	1443	209	57
		占比:100.00%	33.70%	27.70%	32.60%	4.70%	1.30%

12. 当前的住房状况能否满足您的需要？

总体情况			满意程度调查结果				
			能够满足	较能满足	基本能满足	不能满足	完全不能满足
主城都市区	中心城区	人数/人:1002	304	261	203	115	19
		占比:22.61%	30.34%	26.05%	30.24%	11.48%	1.90%
	主城新区	人数/人:1717	477	447	577	176	40
		占比:38.75%	27.78%	26.03%	33.61%	10.25%	2.33%
渝东北地区		人数/人:1213	319	273	411	176	34
		占比:27.38%	26.30%	22.51%	33.88%	14.51%	2.80%
渝东南地区		人数/人:499	135	112	164	69	19
		占比:11.26%	27.05%	22.44%	32.87%	13.83%	3.81%
总计		人数/人:4431	1235	1093	1455	536	112
		占比:100.00%	27.90%	24.70%	32.80%	12.10%	2.50%

13. 当前的自然环境状况能否满足您的需要？

总体情况			满意程度调查结果				
			能够满足	较能满足	基本能满足	不能满足	完全不能满足
主城都市区	中心城区	人数/人:1002	281	303	341	66	11
		占比:22.61%	28.04%	30.24%	34.03%	6.59%	1.10%
	主城新区	人数/人:1717	474	509	621	93	20
		占比:38.75%	27.61%	29.64%	36.17%	5.42%	1.16%
渝东北地区		人数/人:1213	346	323	448	69	27
		占比:27.38%	28.52%	26.63%	36.93%	5.69%	2.23%
渝东南地区		人数/人:499	152	154	163	22	8
		占比:11.26%	30.46%	30.86%	32.67%	4.41%	1.60%
总计		人数/人:4431	1253	1289	1573	250	66
		占比:100.00%	28.30%	29.10%	35.50%	5.60%	1.50%

14. 当前的物质生活条件能否满足您的需要？

总体情况			满意程度调查结果				
			能够满足	较能满足	基本能满足	不能满足	完全不能满足
主城都市区	中心城区	人数/人:1002	262	273	352	97	18
		占比:22.61%	26.15%	27.25%	35.13%	9.68%	1.80%
	主城新区	人数/人:1717	394	472	691	137	23
		占比:38.75%	22.95%	27.49%	40.24%	7.98%	1.34%
渝东北地区		人数/人:1213	279	297	470	141	26
		占比:27.38%	23.00%	24.48%	38.75%	11.62%	2.14%
渝东南地区		人数/人:499	127	134	178	48	12
		占比:11.26%	25.45%	26.85%	35.67%	9.62%	2.40%
总计		人数/人:4431	1062	1176	1691	423	79
		占比:100.00%	24.00%	26.50%	38.20%	9.60%	1.80%

15. 您对未来获得更好的物质生活是否充满信心？

总体情况			满意程度调查结果				
			有信心	较有信心	一般	没信心	完全没信心
主城都市区	中心城区	人数/人:1002	398	326	230	37	11
		占比:22.61%	39.72%	32.53%	22.95%	3.69%	1.10%
	主城新区	人数/人:1717	656	584	411	53	13
		占比:38.75%	38.21%	34.01%	23.94%	3.09%	0.76%
渝东北地区		人数/人:1213	508	361	281	50	13
		占比:27.38%	41.88%	29.76%	23.17%	4.12%	1.07%
渝东南地区		人数/人:499	223	139	115	14	8
		占比:11.26%	44.69%	27.86%	23.05%	2.81%	1.60%
总计		人数/人:4431	1785	1410	1037	154	45
		占比:100.00%	40.30%	31.80%	23.40%	3.50%	1.00%

16. 当前您的身体健康状态如何?

总体情况			满意程度调查结果				
			很好	比较好	一般	不太好	很不好
主城都市区	中心城区	人数/人:1002	372	349	223	51	7
		占比:22.61%	37.13%	34.83%	22.26%	5.09%	0.70%
	主城新区	人数/人:1717	572	645	406	85	9
		占比:38.75%	33.31%	37.57%	23.65%	4.95%	0.52%
渝东北地区		人数/人:1213	429	413	292	68	11
		占比:27.38%	35.37%	34.05%	24.07%	5.61%	0.91%
渝东南地区		人数/人:499	215	140	114	24	6
		占比:11.26%	43.09%	28.06%	22.85%	4.81%	1.20%
总计		人数/人:4431	1588	1547	1035	228	33
		占比:100.00%	35.80%	34.90%	23.40%	5.20%	0.70%

17. 当前您的心理健康状态如何?

总体情况			满意程度调查结果				
			很好	比较好	一般	不太好	很不好
主城都市区	中心城区	人数/人:1002	405	343	219	28	7
		占比:22.61%	40.42%	34.23%	21.86%	2.79%	0.70%
	主城新区	人数/人:1717	699	646	326	37	9
		占比:38.75%	40.71%	37.62%	18.99%	2.15%	0.52%
渝东北地区		人数/人:1213	499	388	266	44	16
		占比:27.38%	41.14%	31.99%	21.93%	3.63%	1.32%
渝东南地区		人数/人:499	216	160	101	19	3
		占比:11.26%	43.29%	32.06%	20.24%	3.81%	0.60%
总计		人数/人:4431	1819	1537	912	128	35
		占比:100.00%	41.10%	34.70%	20.60%	2.90%	0.80%

18. 当前您工作时间与闲暇时间协调如何？

总体情况			满意程度调查结果				
			很忙，没有时间休闲	比较忙，有时间休闲	工作与闲暇均等	不太忙，经常休闲	不忙，闲置在家
主城都市区	中心城区	人数/人:1002	149	426	251	106	70
		占比:22.61%	14.87%	42.51%	25.05%	10.58%	6.99%
	主城新区	人数/人:1717	271	781	408	154	103
		占比:38.75%	15.78%	45.49%	23.76%	8.97%	6.00%
渝东北地区		人数/人:1213	208	506	319	105	75
		占比:27.38%	17.15%	41.71%	26.30%	8.66%	6.18%
渝东南地区		人数/人:499	75	212	133	44	35
		占比:11.26%	15.03%	42.48%	26.65%	8.82%	7.01%
总计		人数/人:4431	703	1925	1111	409	283
		占比:100.00%	15.90%	43.40%	25.10%	9.20%	6.40%

19. 您对未来个人发展是否充满信心？

总体情况			满意程度调查结果				
			有信心	较有信心	一般	没信心	完全没信心
主城都市区	中心城区	人数/人:1002	329	354	244	65	10
		占比:22.61%	32.83%	35.33%	24.35%	6.49%	1.00%
	主城新区	人数/人:1717	498	672	459	76	12
		占比:38.75%	29.00%	39.14%	26.73%	4.43%	0.70%
渝东北地区		人数/人:1213	400	397	345	60	11
		占比:27.38%	32.98%	32.73%	28.44%	4.95%	0.91%
渝东南地区		人数/人:499	171	165	136	22	5
		占比:11.26%	34.27%	33.07%	27.25%	4.41%	1.00%
总计		人数/人:4431	1398	1588	1184	223	38
		占比:100.00%	31.60%	35.80%	26.70%	5.00%	0.90%

注：表中数据为已婚人群。

20. 当前您的人际关系如何？

总体情况			满意程度调查结果				
			很好	比较好	一般	不太好	很不好
主城都市区	中心城区	人数/人:1002	298	401	281	17	5
		占比:22.61%	29.74%	40.02%	28.04%	1.70%	0.50%
	主城新区	人数/人:1717	442	763	479	29	4
		占比:38.75%	25.74%	44.44%	27.90%	1.69%	0.23%
渝东北地区		人数/人:1213	324	475	379	26	9
		占比:27.38%	26.71%	39.16%	31.24%	2.14%	0.74%
渝东南地区		人数/人:499	140	174	168	13	4
		占比:11.26%	28.06%	34.87%	33.67%	2.61%	0.80%
总计		人数/人:4431	1204	1813	1307	85	22
		占比:100.00%	27.20%	40.90%	29.50%	1.90%	0.50%

21. 当前您的婚姻状况如何？

总体情况			满意程度调查结果				
			很好	比较好	一般	不太好	很不好
主城都市区	中心城区	人数/人:1002	292	175	191	49	13
		占比:22.61%	29.14%	17.47%	19.06%	4.89%	1.30%
	主城新区	人数/人:1717	525	456	321	57	23
		占比:38.75%	30.58%	26.56%	18.70%	3.32%	1.34%
渝东北地区		人数/人:1213	359	233	215	44	9
		占比:27.38%	29.60%	19.21%	17.72%	3.63%	0.74%
渝东南地区		人数/人:499	131	97	75	17	5
		占比:11.26%	26.25%	19.44%	15.03%	3.41%	1.00%
总计		人数/人:4431	1307	961	802	167	50
		占比:100.00%	29.50%	21.70%	18.10%	3.80%	1.10%

22. 您觉得当前人身安全保障如何?

总体情况			满意程度调查结果				
			很好	比较好	一般	不太好	很不好
主城都市区	中心城区	人数/人:1002	362	381	218	34	7
		占比:22.61%	36.13%	38.02%	21.76%	3.39%	0.70%
	主城新区	人数/人:1717	602	713	361	30	11
		占比:38.75%	35.06%	41.53%	21.03%	1.75%	0.64%
渝东北地区		人数/人:1213	446	438	301	20	8
		占比:27.38%	36.77%	36.11%	24.81%	1.65%	0.66%
渝东南地区		人数/人:499	169	188	130	9	3
		占比:11.26%	33.87%	37.68%	26.05%	1.80%	0.60%
总计		人数/人:4431	1579	1720	1010	93	29
		占比:100.00%	35.60%	38.80%	22.80%	2.10%	0.70%

23. 您觉得当前财产安全保障如何?

总体情况			满意程度调查结果				
			很好	比较好	一般	不太好	很不好
主城都市区	中心城区	人数/人:1002	326	391	252	27	6
		占比:22.61%	32.53%	39.02%	25.15%	2.69%	0.60%
	主城新区	人数/人:1717	575	712	386	35	9
		占比:38.75%	33.49%	41.47%	22.48%	2.04%	0.52%
渝东北地区		人数/人:1213	410	433	337	25	8
		占比:27.38%	33.80%	35.70%	27.78%	2.06%	0.66%
渝东南地区		人数/人:499	161	193	130	12	3
		占比:11.26%	32.26%	38.68%	26.05%	2.40%	0.60%
总计		人数/人:4431	1472	1729	1105	99	26
		占比:100.00%	33.20%	39.00%	24.90%	2.20%	0.60%

24.您觉得当前社会治安状况如何?

总体情况			满意程度调查结果				
			很好	比较好	一般	不太好	很不好
主城都市区	中心城区	人数/人:1002	329	421	217	31	4
		占比:22.61%	32.83%	42.02%	21.66%	3.09%	0.40%
	主城新区	人数/人:1717	526	795	356	33	7
		占比:38.75%	30.63%	46.30%	20.73%	1.92%	0.41%
渝东北地区		人数/人:1213	386	497	294	29	7
		占比:27.38%	31.82%	40.97%	24.24%	2.39%	0.58%
渝东南地区		人数/人:499	149	216	121	12	1
		占比:11.26%	29.86%	43.29%	24.25%	2.40%	0.20%
总计		人数/人:4431	1390	1929	988	105	19
		占比:100.00%	31.40%	43.50%	22.30%	2.40%	0.40%

25.您觉得当前社会秩序状况如何?

总体情况			满意程度调查结果				
			很好	比较好	一般	不太好	很不好
主城都市区	中心城区	人数/人:1002	304	430	227	36	5
		占比:22.61%	30.34%	42.91%	22.65%	3.59%	0.50%
	主城新区	人数/人:1717	502	806	367	33	9
		占比:38.75%	29.24%	46.94%	21.37%	1.92%	0.52%
渝东北地区		人数/人:1213	373	484	322	25	9
		占比:27.38%	30.75%	39.90%	26.55%	2.06%	0.74%
渝东南地区		人数/人:499	147	209	134	7	2
		占比:11.26%	29.46%	41.88%	26.85%	1.40%	0.40%
总计		人数/人:4431	1326	1929	1050	101	25
		占比:100.00%	29.90%	43.50%	23.70%	2.30%	0.60%

26. 您觉得当前交通安全状况如何?

总体情况			满意程度调查结果				
			很好	比较好	一般	不太好	很不好
主城都市区	中心城区	人数/人:1002	276	415	260	43	8
		占比:22.61%	27.54%	41.42%	25.95%	4.29%	0.80%
	主城新区	人数/人:1717	431	733	475	68	10
		占比:38.75%	25.10%	42.69%	27.66%	3.96%	0.58%
渝东北地区		人数/人:1213	316	469	349	64	13
		占比:27.38%	26.22%	38.66%	28.77%	5.28%	1.07%
渝东南地区		人数/人:499	118	215	148	11	7
		占比:11.26%	23.65%	43.09%	29.66%	2.20%	1.40%
总计		人数/人:4431	1143	1832	1232	186	38
		占比:100.00%	25.80%	41.30%	27.80%	4.20%	0.90%

27. 您觉得当前生产安全状况如何?

总体情况			满意程度调查结果				
			很好	比较好	一般	不太好	很不好
主城都市区	中心城区	人数/人:1002	277	395	285	39	6
		占比:22.61%	27.64%	39.42%	28.44%	3.89%	0.60%
	主城新区	人数/人:1717	419	743	487	59	9
		占比:38.75%	24.40%	43.27%	28.36%	3.44%	0.52%
渝东北地区		人数/人:1213	295	470	379	57	12
		占比:27.38%	24.32%	38.75%	31.24%	4.70%	0.99%
渝东南地区		人数/人:499	121	218	141	15	4
		占比:11.26%	24.25%	43.69%	28.26%	3.01%	4.00%
总计		人数/人:4431	1112	1826	1292	170	31
		占比:100.00%	25.10%	41.20%	29.20%	3.80%	0.70%

28. 您觉得当前食品安全状况如何？

总体情况			满意程度调查结果				
			很好	比较好	一般	不太好	很不好
主城都市区	中心城区	人数/人:1002	207	319	292	146	38
		占比:22.61%	20.66%	31.84%	29.14%	14.57%	3.79%
	主城新区	人数/人:1717	292	576	587	207	55
		占比:38.75%	17.01%	33.55%	34.19%	12.06%	3.20%
渝东北地区		人数/人:1213	196	375	448	136	58
		占比:27.38%	16.16%	30.92%	36.93%	11.21%	4.78%
渝东南地区		人数/人:499	93	176	165	45	20
		占比:11.26%	18.64%	35.27%	33.07%	9.02%	4.01%
总计		人数/人:4431	788	1446	1492	534	171
		占比:100.00%	17.80%	32.60%	33.70%	12.10%	3.90%

重庆构建高品质生活指标监测体系报告

CHONGQING GOUJIAN GAOPINZHI SHENGHUO ZHIBIAO JIANCE TIXI BAOGAO

重庆构建高品质生活指标监测体系报告*

（2020年11月）

为切实贯彻落实好习近平总书记提出“加快建设内陆开放高地、山清水秀美丽之地，努力推动高质量发展、创造高品质生活”的要求。重庆师范大学、重庆市生产力发展中心成立课题组，展开深入研究。课题组推出第一个面向重庆的高品质生活指标监测体系——高品质生活评估指标体系，以全面、系统评估重庆高品质生活建设总体水平与发展态势。

一、构建高品质生活评估指标体系的含义及其意义

（一）高品质生活评估指标体系的含义

高品质生活评估指标体系是一个综合范畴，涉及统计学、社

*课题指导：童小平；课题组组长：孟东方；课题组副组长：严晓光、吴大兵；课题组成员：程新平、朱勋春、黄意武、刘富胜、马文斌、王资博、杨涛、周磊、江优优、李科、程亚、刘波、马玉姣、熊宇、匡渝渝、周晴、代琼菊、张艺、江丽丽、朱晓琦、张文林、陈乾、董怡储。

会学、心理学等多个学科。从广义上讲，泛指一切能说明高品质生活现象数量变动或差异程度的相对数；从狭义上讲，主要指反映不能直接相加和对比的复杂高品质生活现象综合变动程度的相对数。评估指标体系描绘了高品质生活现象数量的变动性，而任何现象都不是孤立存在的，需要对相对联系的多个反映高品质生活的社会经济现象做深入研究。高品质生活评估指标体系是指由若干个反映高品质生活现象总体数量特征的既相对独立又相互联系的统计指标所组成的有机整体。

高品质生活评估指标体系有其特定的内涵，它对创造高品质生活具有重要的理论和现实意义，亦对高品质社会的发展具有积极推进作用。本课题结合国内外相关理论研究和实践探索经验，认为高品质生活指数是根据高品质生活的要求，基于高品质生活的目标，用以衡量或测定一定时期内某个地区人们对高品质生活状态的评价指数，是高品质生活评价的数量表现，是运用高品质生活评估指标体系评估生活状态的最终结果。

（二）构建高品质生活评估指标体系的意义

第一，有利于推动重庆高质量发展。一方面，创造高品质生活为重庆高质量发展提供不竭内驱力。另一方面，创造高品质生活为重庆高质量发展提供强大助推力。

第二，有利于提升重庆人民品质生活。一方面，有利于提升人民的高品质生活体验，引导广大人民群众不断增强高品质生活意识，促使人们在高质量发展中逐渐养成追求高品质的生活自觉。另一方面，有利于加强重庆的文化品质凸显。

第三，有利于建设山清水秀美丽之地。一是有利于强化自然生态保护修复，筑牢长江上游重要生态屏障。二是有利于推动实施污染防治攻坚，加快改善环境质量，解决好群众反映强烈的大气、水、土壤污染等突出环境问题。三是有利于构建产业生态化和生态产业化为主体的生态经济体系。四是有利于推动创建宜居宜业宜游环境，打造绿色美丽家园。五是有利于构建绿色发展制度机制，引导、规范和约束各类开发、利用、保护自然资源的行为。

二、高品质生活评估指标体系的构建与运用

（一）高品质生活评估指标体系的构建

课题组通过社会发展理论和方法对高品质生活进行了理论构建，并借助系统科学和统计理论的方法，结合高品质生活的科学内涵，以及国内外相关研究成果，综合考虑了创造高品质生活的需求端和供给端实际状况，采用了客观指标评估和主观指标评估相结合的方式，进行了高品质生活评价的指标构建，确定了高品质生活评估指标体系的架构。其中，客观指标的选取主要是基于“五位一体”总体布局思路，选取经济、社会、文化、生态和治理5个方面进行衡量。主观指标的选取则主要从群众获得感、群众幸福感和群众安全感3个方面加以衡量，详见图3-1。

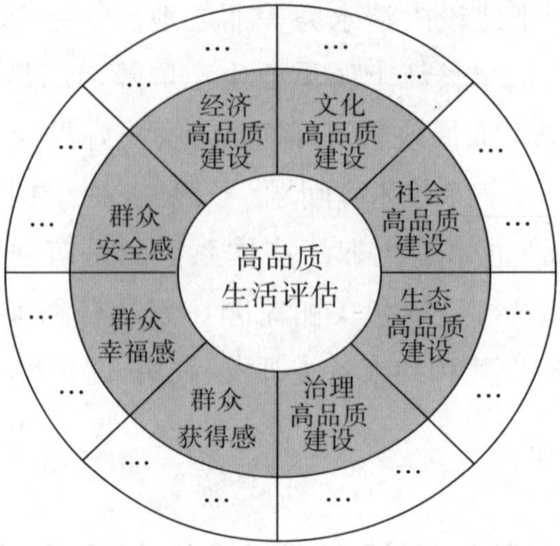

图 3-1　高品质生活指数评估指标体系架构示意图

经广泛征询意见、专家反复论证，最终确定的高品质生活评估指标体系共包括 8 个一级指标，即经济高品质建设、文化高品质建设、社会高品质建设、生态高品质建设、治理高品质建设、群众获得感、群众幸福感以及群众安全感等 8 个方面，共有 29 个二级指标、78 个三级指标，详见表 3-1。

表 3-1　高品质生活指数评估指标体系

一级指标	二级指标	三级指标		指标性质
经济高品质建设	经济发展	1	人均 GDP	客观指标
		2	城镇化率	客观指标
		3	三次产业占比	客观指标
		4	恩格尔系数	客观指标
	创新驱动	5	全社会 R&D 投入	客观指标
		6	高新技术产业增加值占 GDP 比重	客观指标
		7	全员劳动生产率	客观指标

续表

一级指标	二级指标	三级指标		指标性质
		8	技术市场成交金额	客观指标
	经济活力	9	GDP增长率	客观指标
		10	居民消费贡献率	客观指标
		11	进出口金额占GDP比重	客观指标
文化高品质建设	文化投入	12	公共文化财政支出	客观指标
		13	每万人公共文化设施数量	客观指标
	文化市场	14	文化产业增加值	客观指标
		15	文化产业占GDP比重	客观指标
		16	旅游总收入	客观指标
	文化参与	17	出入境游客人数	客观指标
		18	居民文化娱乐消费支出占居民消费支出比重	客观指标
社会高品质建设	医疗卫生	19	每万人口拥有医师数量	客观指标
		20	每千人口医疗卫生机构床位	客观指标
		21	婴儿死亡率	客观指标
	教育事业	22	教育事业支出占财政支出比重	客观指标
		23	高等学校毛入学率	客观指标
		24	劳动年龄人口平均受教育年限	客观指标
	居住条件	25	人均公园绿地面积	客观指标
		26	人均住房建筑面积	客观指标
	社会保障	27	平均预期寿命	客观指标
		28	基本社会保险参保率	客观指标
		29	城镇登记失业率	客观指标
		30	老年人口养老机构床位数	客观指标
	交通出行	31	城市人均拥有道路面积	客观指标
		32	高铁通车里程	客观指标

续表

一级指标	二级指标	三级指标		指标性质
		33	百户家庭拥有私家车数量	客观指标
生态高品质建设	自然资源	34	全年空气质量达标率	客观指标
		35	森林覆盖率	客观指标
	环境质量	36	生活垃圾无害化处理率	客观指标
		37	主要重金属污染物排放量	客观指标
		38	城乡污水处理率	客观指标
		39	农村卫生厕所普及率	客观指标
	生态经济	40	主要工业污染物排放强度	客观指标
		41	单位 GDP 能耗	客观指标
		42	工业固体废物综合利用率	客观指标
治理高品质建设	公众参与	43	民生重大决策听证率	客观指标
		44	基层民主参选率	客观指标
	行政效能	45	基尼系数	客观指标
		46	营商环境指数	客观指标
	社会安全	47	万人发案率	客观指标
		48	每万人交通死亡人数	客观指标
		49	亿元 GDP 生产安全事故死亡率	客观指标
		50	食品案件查处数量	客观指标
群众获得感	经济收入获得感	51	群众对获得更高收入的评价	主观指标
		52	群众对获得更稳定工作的评价	主观指标
	公共管理获得感	53	群众对公共事务参与的评价	主观指标
		54	群众对法治发展状况的评价	主观指标
		55	群众对政府工作效率的评价	主观指标
	精神文化获得感	56	群众对获得更好教育的评价	主观指标
		57	群众对获得丰富精神文化生活的评价	主观指标

续表

一级指标	二级指标	三级指标		指标性质
	社会保障获得感	58	群众对获得可靠社会保障的评价	主观指标
		59	群众对获得更高水平卫生服务的评价	主观指标
		60	群众对养老服务的评价	主观指标
	美好环境获得感	61	群众对交通出行的评价	主观指标
		62	群众对住房条件的评价	主观指标
		63	群众对自然环境的评价	主观指标
群众幸福感	物质生活	64	群众对当前物质生活的评价	主观指标
		65	群众对未来物质生活的评价	主观指标
	身心健康	66	群众对自身身体健康的评价	主观指标
		67	群众对自身心理健康的评价	主观指标
	抱负才能	68	群众对个人当前工作的评价	主观指标
		69	群众对个人未来前途的评价	主观指标
	人际关系	70	群众对个人人际关系的评价	主观指标
		71	群众对个人婚姻状况的评价	主观指标
群众安全感	生存安全	72	群众对个人人身安全的评价	主观指标
		73	群众对个人财产安全的评价	主观指标
	治安安全	74	群众对社会犯罪状况的评价	主观指标
		75	群众对社会秩序状况的评价	主观指标
	环境安全	76	群众对交通安全状况的评价	主观指标
		77	群众对生产安全状况的评价	主观指标
		78	群众对食品健康状况的评价	主观指标

(二)高品质生活评估指标体系的运用

课题组在建立指标体系的基础上,结合专家赋权法,对高品质生活指数进行试验性应用。

1. 重庆高品质生活指数现状

鉴于全国各省市2019年公布的数据不全，课题组只能搜集2018年各项数据，并计算了重庆市2018年的高品质生活客观指标指数。同时，通过设计问卷，开展2020年重庆市高品质生活主观指标调研，并计算出重庆市高品质生活指数，及各细分指标的指数信息。我们立足于2018年的客观数据，以及2020年的主观调研数据，综合分析重庆高品质生活指数总体现状。经课题组测算，重庆市2018年的高品质生活客观指数为67.5，2020年主观指数为75.7。课题组预测2020年重庆市高品质生活客观指数为68.9。根据专家对高品质生活客观指标赋的总权重为0.66，为高品质生活主观指标赋的总权重为0.34，进而测算出2020年重庆市高品质生活指数为71.7。

（1）重庆市高品质生活客观指标指数现状

课题组依托2018年的客观数据，通过5个一级指标以及17个二级指标的指数，总体把握重庆市高品质生活客观指数现状。

数据显示：一是“经济高品质建设”指数为69.3，其中，“创新驱动”的指数最高，为87.8；“经济活力”的指数最低，为50.5；“经济发展”的指数居中，为67.8。二是“文化高品质建设”指数为76.2，其中，“文化投入”的指数最高，为79.0；“文化市场”的指数最低，为70.9。三是“社会高品质建设”指数为63.1，其中，“医疗卫生”的指数最高，为65.6；“交通出行”的指数最低，为58.1。四是“生态高品质建设”指数为66.5，其中，“生态经济”的指数最高，为71.0；“自然资源”的指数最低，为62.8。五是“治理高品质建设”指数为65.2，其中，“社会安全”的指数最高，为68.3；“行政效能”的指数最低，为62.2。数据表明，重庆市创造高品质生活进程中，在经济活力、文化市场、交通出行、行政效能等方面存在一定的短板，需要进一步补齐，特别需要在激发经济活力，以及加快构建现代文化市场和文化服务体系等方面做大文章。

（2）重庆市高品质生活主观指数现状

测算数据显示，2020年重庆市高品质生活主观指数为75.7，其中，“群众获得感”指数为72.5、“群众幸福感”指数为77.8、“群众安全感”指数为77.3。可以看出重庆的“群众安全感”指数相对较高，而涉及与群众生活密切的获得感指数，则相对较低。但从总体来看，“群众获得感”达到72.5，效果尚可，体现出重庆市委、市政府高度重视民生工作，不断满足人民对美好生活的向往。近两年，重庆着力抓好群众反映强烈的突出问题，大力推进小康路、普惠性学前教育等重点民生实事，重点解决了群众出行难、城乡低保差距大、看病贵看病难等问题，群众的获得感、幸福感、安全感不断提升。

同时，课题组结合被调研的人群所处的经济区域、社会阶层等方面，重点从区域、性别、年龄、学历、收入、职业等六个结构维度，进行群众高品质生活主观指数的差异化分析。

结果显示：一是从区域结构来看，中心城区和主城新区市民的获得感、幸福感、安全感总体要高于渝东北地区、渝东南地区；二是从性别来看，男性的获得感、幸福感、安全感普遍高于女性；三是从年龄结构来看，18岁以下、36–45岁人群的获得感、幸福感、安全感较高，60岁以上的老年人的获得感、幸福感、安全感略低；四是学历水平与获得感、幸福感、安全感相关度很高，但学历水平与“三感”综合体验并非完全呈现正相关关系；五是从收入结构来看，收入水平与获得感、幸福感、安全感呈现正相关，收入越高的家庭获得感、幸福感、安全感越高；六是从职业结构来看，公务员的“三感”综合评价最高，事业单位人员、国有企业员工次之,农民的"三感"综合评价最弱,城市农民工较弱。

2.重庆高品质生活指数的纵横比较

通过对重庆市及其他地区高品质生活指数的测算和分析比较发现,重庆市高品质生活指标值相对较高,位于全国第9位,处于中等偏上。课题组从纵向和横向两个维度把握重庆高品质生活指数的总体发展趋势。

(1)重庆市高品质生活指数纵向比较

重庆市高品质生活指数在不断上升。课题组只搜集到高品质客观指标的纵向数据,所以高品质生活指数纵向比较仅限于客观指标的比较。通过数据分析,从2003年到2018年,重庆市高品质生活指数以及各个维度的指数总体上保持上升的趋势。2003年的高品质生活指数为43.7,2018年的高品质生活指数为67.5,重庆市高品质生活指数提高了54.5%,总体呈现良好增长态势。

(2)重庆市高品质生活指数横向比较

2018年,重庆市高品质生活指数在我国大陆31个地区中处于中上水平。由于课题组只搜集了重庆市高品质生活客观指标的数据,所以高品质生活横向比较仅仅体现客观指标计算的指数。重庆市高品质生活指数在31个地区中排第10位。其中,"经济高品质建设"指数排第7位、"文化高品质建设"指数排第16位、"社会高品质建设"指数排第17位、"生态高品质建设"指数排第5位、"治理高品质建设"指数排第8位。可以看出,"社会高品质建设"和"文化高品质建设"是重庆高品质生活的短板。

①直辖市比较

数据显示,重庆市高品质生活指数在4个直辖市中处于末端,但是重庆市"社会高品质建设""生态高品质建设"两项指数均位列排第2。重庆市与其他3个直辖市差距较大的地方主要在

"经济高品质建设"和"文化高品质建设"等指标方面。因此,重庆市应全力提高经济、文化的高品质建设,进而促进重庆"硬实力"总体"过硬",增强"软实力",这是重庆市在创造高品质生活方面追赶其他3个直辖市需要努力的重要方向。

②西部地区比较

数据显示,2018年西部12个地区高品质生活指数及各个维度指数的区别明显。从经济、文化、社会、生态、治理五个维度指数来看,重庆市在西部地区的排名总体比较靠前,其中,"经济高品质建设""生态高品质建设""治理高品质建设"3项指数在西部12个地区中排名第1。与西部12个地区比较,重庆市高品质生活也存在一些短板。如"社会高品质建设""文化高品质生活"两项指数居于第4位,特别是"文化高品质生活"指数为76.2,与陕西省(93.3)相距甚远,同四川省(83.5)、内蒙古自治区(83.6)还存有不小的差距,与"经济高品质建设"指数不匹配。

三、进一步用好高品质生活指标体系的六项建议

一是进一步深化开展高品质生活研究,每年定期发布指数报告。市发展改革委、市生产力中心每年分区域、分层次对重庆市高品质生活进行跟进调研,持续周期5-10年,打造独具重庆特色的品牌,形成可借鉴、可复制、可推广的"重庆经验"。

二是依托本课题研究,建议进一步深入开展与其他省、市、地区的对比性理论与实践研究,汲取与借鉴先进经验。

三是课题组已经系统梳理与归纳研究成果,下一步将报送相

关部门，全力推动成果转化应用。课题组将进一步加强与市发展改革委、市统计局等职能部门的深度联系，积极推动课题研究成果转化为重庆市“十四五”发展的重要举措。

四是把高质量发展、高品质生活评估指标变为项目。比如，针对文化高品质建设短板，实施原创研发项目、非遗产业化项目及配套资助项目扶持计划，重点打造重庆文化高地、创意基地、文化品牌。

五是一套指标体系的多种应用。评估指标对重庆创造高品质生活各个领域建设进行持续监测，可以借此将部分重点指标转化为市委、市政府以及各职能部门的工作重点，充分发挥指标体系的导向作用。比如，将评估指标的部分重点内容完全纳入部门考核。

六是适时调整，精准优化针对性扶持政策措施。根据重庆高品质生活指标指数的动态评估，将最好的政策资源聚焦于优势与短板，充分提高各级职能部门政策制定的针对性，发挥高品质生活评估指标体系在政策扶持对象、创新方式等方面的参考作用。

进一步加快重庆市创造高品质生活的建议

JINYIBU JIAKUAI CHONGQING SHI CHUANGZAO GAOPINZHI SHENGHUO DE JIANYI

进一步加快重庆市创造高品质生活的建议*

（2020年11月）

人民对美好生活的向往就是我们的奋斗目标。2018年3月习近平总书记在参加十三届全国人大一次会议重庆代表团审议时，要求重庆“加快建设内陆开放高地、山清水秀美丽之地，努力推动高质量发展、创造高品质生活”。为切实把总书记的殷殷嘱托落实在重庆大地上，陈敏尔书记要求，集聚创新资源，增强创新能力，坚定不移地推动高质量发展、创造高品质生活。市委、市政府高度重视，先后将高质量发展和高品质生活的要求写入2019年和2020年政府工作报告，并从生产、就业服务、生活保障等领域出台了相关文件；2020年初以来，应对新冠肺炎疫情考验，更是把高品质生活作为发展的重要目标。为精准把握重庆市创造高品质生活的状况，课题组通过大量调查（包括在重庆市38个区县和万盛经开区对市民的4431份有效问卷调查和242份

*课题指导：童小平；课题组组长：孟东方；课题组副组长：严晓光、吴大兵；课题组成员：程新平、朱勋春、黄意武、刘富胜、马文斌、王资博、杨涛、周磊、江优优、李科、程亚、刘波、马玉姣、熊宇、匡渝渝、周晴、代琼菊、张艺、江丽丽、朱晓琦、张文林、陈乾、董怡储。

个人访谈），经过数据模型构建和科学分析[①]认为：重庆市创造高品质生活具有“稳”的态势、“实”的导向、“新”的动能、“好”的要素等优势，也还存在经济增速总体放缓、文化事业发展受限、社会建设短板亟待补齐、生态建设仍有较大提升空间、社会治理还不完善等不足，并面临多重新挑战。由此建议，应强化理念、做好规划、扬长补短、做好系统保障。

一、重庆市创造高品质生活具有四大优势

以2018年客观数据为主，根据数据模型测算出重庆市高品质生活指数为68.9，在全国31个地区中排第10位。其中，“经济高品质建设”指数为69.3，排第7位；“文化高品质建设”指数为76.2，排第16位；“社会高品质建设”指数为63.1，排第17位；“生态高品质建设”指数为66.5，排第5位；“治理高品质建设”指数为65.2，排第8位。

重庆创造高品质生活从发展优势来看，集中体现在主要指标、品质结构、发展动能和建设质量等四个方面。

（一）从主要指标看，“稳”的态势在持续

从纵向维度，根据数据模型测算2003年到2018年重庆市高

①本课题研究以习近平总书记在庆祝改革开放40周年大会上的重要讲话中提出：“我们要着力解决人民群众所需所急所盼，让人民共享经济、政治、文化、社会、生态等各方面发展成果，有更多、更直接、更实在的获得感、幸福感、安全感”为要求，从共享五大领域的发展成果等维度，以及增强人民群众的获得感、幸福感、安全感等角度确定高品质生活的主要内容体系架构，建立了高品质生活评估指标体系分析模型，本文数据均源于这一模型分析。

品质生活指标体系的客观指标，5个一级指标、17个二级指标，以及50个三级指标中，除“文化高品质建设”指标波动幅度较大，其余指标均保持着较为稳定的发展态势（图4–1）。以2018年数据为例，重庆市高品质生活的绝大多数指标在全国处于中等偏上。即便是唯一回落幅度较大的指标——“文化高品质建设”，在2018年实现了强势逆转，当年度指数增长高达9.7。

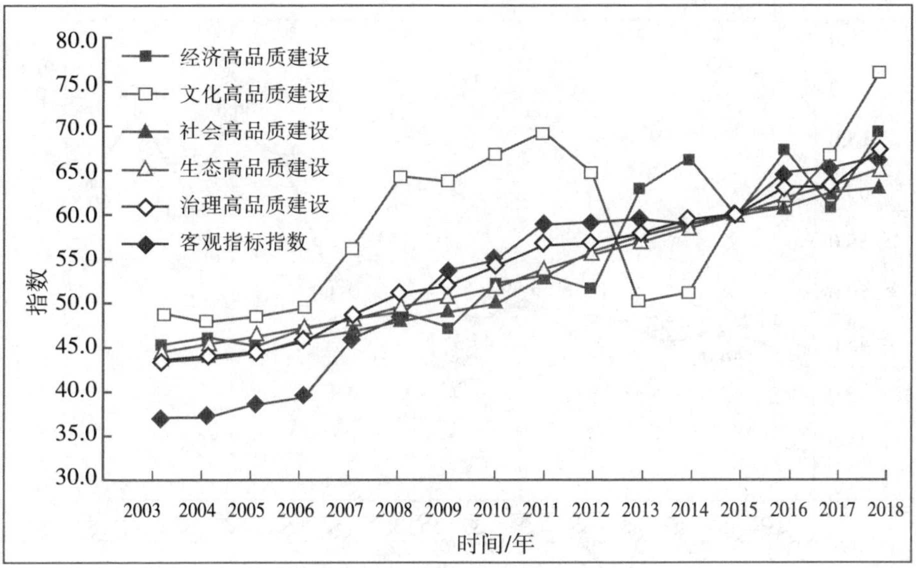

图4–1　重庆市高品质生活指数发展趋势

分析原因，这主要得益于市委、市政府始终保持着坚定的战略定力，保持重大方针政策的稳定性，更加注重创新驱动，更加注重高质量发展，从而保持重庆市高品质生活各项主要指标平稳有序的发展态势。

（二）从发展理念看，“实”的导向在形成

根据数据模型测算结果看，近年来，重庆市创造高品质生活中不少指标呈现增长总体放缓，或是波动，或是回落的情况。如

2016–2018年，“经济高品质建设”指标的指数（图4–2）分别为67.4、60.8和69.3，“经济活力”指标的指数则连续三年下降，分别是56.7、54.6和50.5。最为关键的是在于重庆市委市政府解放思想，“壮士扼腕式”地挤水分，进一步淡化GDP增速目标，逐步甩掉“GDP增速包袱”。改变过去单纯追求经济增长目标和总量目标的方式，更加注重高质量发展，凸显的是理性和务实。

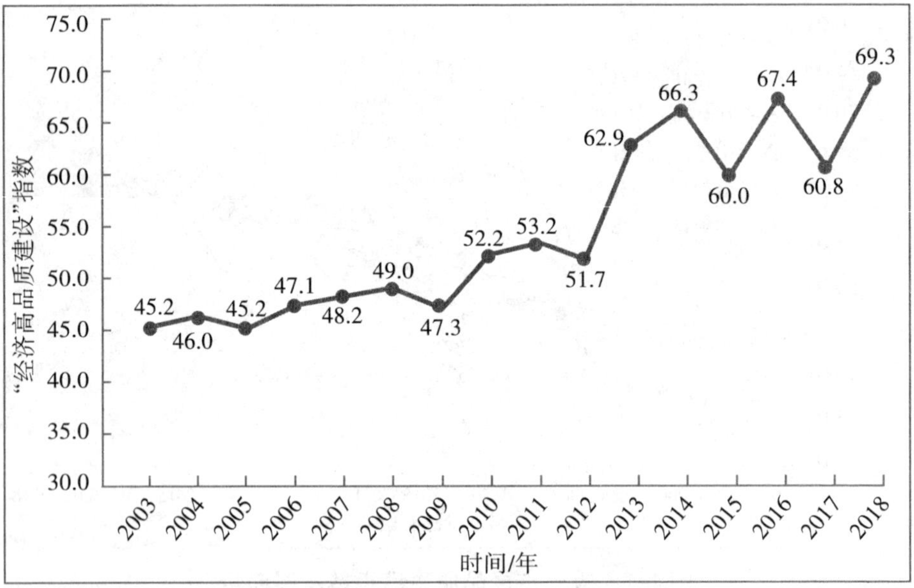

图4–2 重庆市“经济高品质建设”指数发展趋势

（三）从发展动能看，“新”的动能在成长

根据数据模型测算结果看，“创新驱动”指标的指数较为亮眼。从纵向看，从2003年的52.6，上升至2018年的87.8，16年间年均指数增长2.2，特别是2017–2018年，指数增长25.7，增幅十分突出（图4–3）。

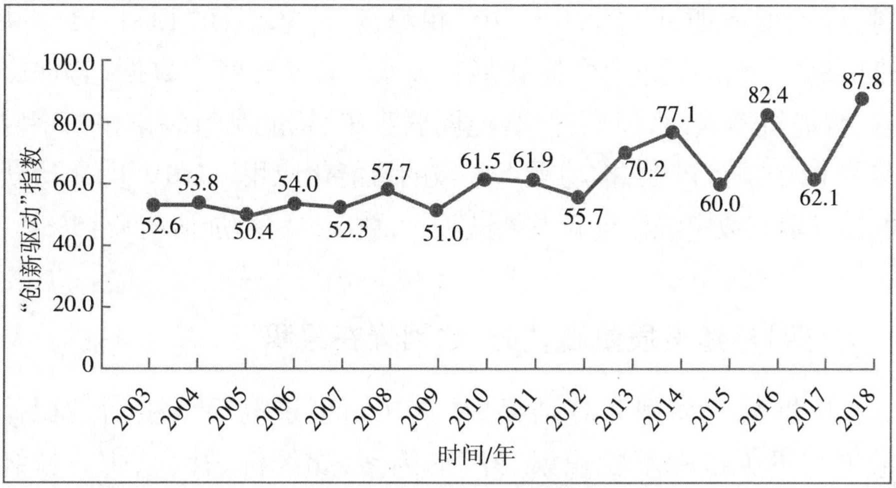

图4-3　重庆市“创新驱动”指数发展趋势

从横向看，重庆市“创新驱动”指标在西部省（市）区位列第2，仅低于四川省（图4-4）。近年来，重庆市在培育发展新动能方面颇有建树。如2019年，重庆市加快建设内陆开放高地，以开放促改革、促发展、促创新。落实国家西部陆海新通道总体规

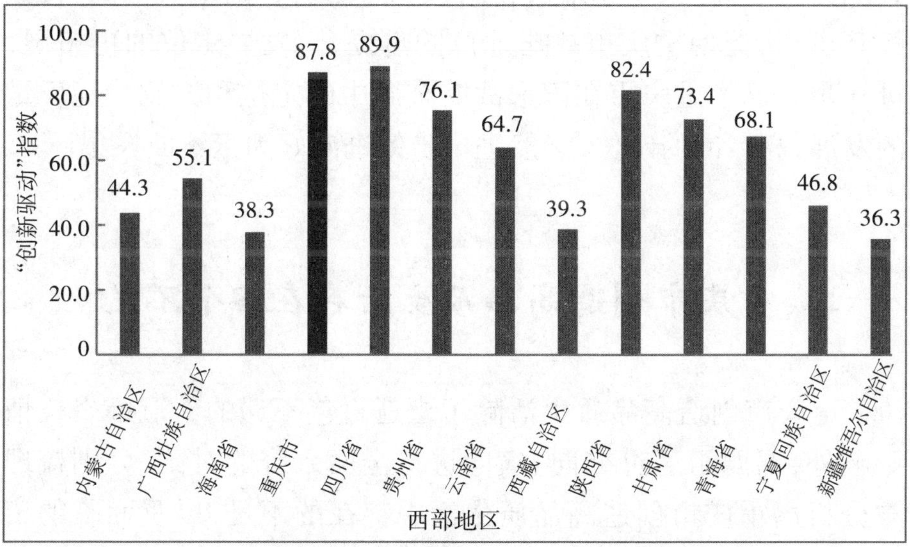

图4-4　2018年重庆市与西部地区其他省份“创新驱动”指数比较

划，推动形成西部12省（区、市）和海南、广东湛江“13+1”合作共建机制。突出抓好大数据智能化发展，重点发展大数据、软件服务、智能机器人、智能硬件、智能网联汽车、智能制造装备和数字内容等12个重点产业，推动重点领域的智能化应用。2019年，重庆获批建设国家数字经济创新发展试验区，数字经济增加值增长15%。

（四）从建设质量看，“好”的因素在累积

根据数据模型测算结果看，重庆市创造高品质生活指标体系中有不少指标不断积累“好”的因素，如经济、社会、生态持续向好的因素，更加务实的作风，更加稳定的发展战略、政策措施等。各项指标总体呈现稳中有进、稳中提质、稳中向好的“积极内核”。究其原因，这主要得益于习近平总书记对重庆市提出的“两点”定位、“两地”“两高”目标和“四个扎实”总体要求，体现出了高瞻远瞩的战略眼光和强烈的历史担当。重庆市用好“四大优势”，发挥“三个作用”，将与“两点”定位、“两地”“两高”目标相互贯通，促使重庆市战略地位的再提升、发展定位的再拓展，进一步彰显了重庆市在国家战略全局中的定位和方位。高质量的发展，高标准的定位，必然进一步促进向好因素不断聚集。

二、重庆市创造高品质生活存在四个不足

重庆市创造高品质生活除了遭遇百年不遇的新冠肺炎疫情影响外，课题组通过纵向、横向进行全面系统的对比，分别梳理与分析出重庆市创造高品质生活中存在的不足，以及面临的诸多挑战。

(一)从经济发展增速来看,"缓"的节奏明显

2018年,重庆市GDP首次突破两万亿元,达到20363.19亿元,同比增长6%。与此同时,我们必须清醒地认识到:进一步突破经济发展总量的同时,重庆市2018年部分经济指标低于预期,下行压力增大。比如,GDP增速与2017年相比,降幅达3.3个百分点,创10年来历史新低,且低于全国平均增速。重庆市连续10多年保持两位数的高速增长,现在经济增速有所回落,原因包括周期性市场需求变化、积累的结构性矛盾、资源束缚等。

(二)从文化事业发展来看,"缺"的要素严重

根据数据模型测算显示,重庆市2018年"文化高品质建设"指数为76.2,低于北京的92.3、上海的91.3,略高于天津的72.4。主要原因:一是文化投入相对不足,重庆市文化事业费占财政支出的比重在2007年为0.43%,2008年上涨为0.46%,2009年和2010年则回降到0.40%;二是文化消费市场有待进一步开发,重庆市城乡人均文化消费呈增长态势,但其增长速度相对滞后,城乡文化消费市场潜力巨大;三是高层次文化人才队伍有待壮大,现有人才引进机制不活、人才管理理念和方式落后等。

(三)从社会建设水平来看,"低"的领域较多

社会高品质建设是重庆市生活高品质建设的短板之一。在医疗卫生方面,群众看病贵、看病难等问题依然突出,存在政府对医疗卫生事业投入不足,城乡医疗卫生事业发展不协调等问题。在教育事业方面,教育的社会需求与教育资源不足的矛盾

仍较为突出。在社会保障方面，随着经济结构的调整和企业改革的深化，加之重庆市三峡库区产业空心化、社会风险和财政风险凸现、社会保障制度发展滞后等多重因素，影响了人们的生活品质。在交通领域方面，因地理条件受限，重庆市综合交通结构还不完善，尚未充分释放交通运输资源潜力，总体运输能力不足，交通基础设施依然是制约社会经济高质量发展的短板，现有的管理体制制约了运输市场的进一步完善。

(四)从生态建设机制来看，“优”的空间艰难

数据模型测算结果显示，从2003年到2018年，重庆“生态高品质建设”指数从36.9增加至66.5。2018年该指数在4个直辖市和西部12个省(市、区)中排名位居前列，但是仍然面临着生态脆弱、生态建设机制体制不完善、生态文明建设意识不强等问题，重庆市在体制优化、机制创新，以及加强相关领域科学研究等方面还有较大的提升空间。需要进一步加强统筹协调、进一步优化国土开发格局，积极探索生态文明建设模式，保持生态文明高品质建设整体向上向好。

三、重庆市创造高品质生活面临的四个挑战

从当前和未来的一段时期看，重庆市创造高品质生活还面临四个挑战。

(一)从创造高品质生活基础夯实来看，面临“上”水平的挑战

同全国其他地区相比，重庆在创造高品质生活进程中，在城

乡区域发展、基础设施互联互通、区域协调发展政策等方面还存在较大问题，有待进一步完善。特别是在对标党中央的要求，以及先进区域发展的新态势，尚未形成协调发展新格局，主要在规划配置、实施范围、生态基础、村容村貌、文明程度等方面还存在较大短板，在农业生产社会化服务、规模形式功能等方面还存在亟待解决的问题。

（二）从创造高品质生活动力激发来看，面临"立"机制的挑战

当前，重庆产业生态化和生态产业化发展之路任重道远，还需进一步与社会经济发展紧密连接，高品质生活建设发展动力激发还需提升。涉及高品质生活建设的观念、目标、机制等各个方面。一是缺乏先进的生态文明观念，顶层设计不足，目标定位不够清晰精准；二是缺乏系统完善的传统产业改造升级扶持机制，比如，生态资产认证、补偿与交易机制，导致生态优势还未真正发挥，绿色产业发展较为滞后；三是缺乏精准有效的绿色发展之路推进方式，以及持续发展路径。

（三）从创造高品质生活开放程度来看，面临"破"壁垒的挑战

主要表现为两个方面：一方面，从内部来看，在建设思想、产业结构、竞争优势、建设环境、人才资源等方面还存在较大的短板，比如，建设思想固化、产业结构单一等。另一方面，国际经济形势复杂多变，全球贸易保护主义、贸易单边主义有所抬头。这在一定程度上影响了重庆外贸出口，增加了对外贸易的变数，以及不确定性。高品质生活建设的经济驱动力减弱，高品质生活建设的经济驱动机制和经济开放程度需要进一步优化改善。

（四）从创造高品质生活成果共享来看，面临“分”信息的挑战

目前，重庆大数据共享平台机制和安全保障体系尚未建立，市域级大数据资源共享和有效应用还未真正实现，信息共享渠道和机制尚未形成，信息“孤岛效应”的负面影响依然存在。此外，城乡教育信息化建设尚不均衡，这也在一定程度上影响了重庆市高品质生活创造的总体水平和质量。

四、进一步加快重庆市创造高品质生活的对策建议

重庆市创造高品质生活既要坚持以发展为基础、坚持系统性思维、坚持城乡统筹等基本经验，还要面向新时代发展需要和存在的不足与挑战，在以下四个方面发力。

（一）开展高品质生活理念提升计划

1.增强各级领导干部的重视

（1）成立重庆市创造高品质生活工作领导小组

建议成立由市委、市政府主要领导任组长的重庆市创造高品质生活工作领导小组，下设办公室，可设在政府办公厅。办公室具体负责日常工作，开展工作推进的监督和评价等，具体人员由各部门相关人员兼职组成。

（2）建立工作联动机制

建立重庆市创造高品质生活工作联席会议机制。联席会议由市委、市政府主要领导担任召集人，市级各部门负责人为成

员。例行联席会议每年至少召开两次。联席会议的主要任务是总结和部署全市创造高品质生活工作，沟通情况，对疑难问题进行会商研判，提出建议。

(3)增强各级领导的思想政治素养

重点是要通过常态化和规范化的理论学习、教育和培训，使广大干部深入领会习近平新时代中国特色社会主义思想，牢固树立“四个意识”和新发展理念，做思想上的清醒人、政治上的明白人、工作上的实在人、生活上的干净人，在创造高品质生活中发挥示范引领作用。

2.提升市民高品质生活理念

(1)做好创造高品质生活的理论研究和宣传阐释

以课题研究为突破，深化重庆市创造高品质生活的理论研究，揭示创造高品质生活的规律与原则遵循，洞悉重庆创造高品质生活的必要性、可能性和路径选择。

(2)树立市民高品质生活理念

围绕着“高品质生活+”这一主题，帮助市民理解和把握创造高品质生活的含义、意义和要求。加强宣传力度，包括充分利用5G、人工智能、物联网等新技术，延伸基层服务链，引导人们自觉追求高品质生活方式，当前的重点是加大城市建筑、城市雕塑、城市历史文化古迹、城市公共空间和城市园林绿地等的建设，切实推进农村“厕所革命”、垃圾分类，推进节约社会建设。

3.做好高品质生活科学规划

编制好“十四五”发展规划纲要。立足“两点”定位，紧扣“两地”“两高”目标要求，全面做好重庆市高品质生活总体规划，打造高质量发展的“重庆样板”，全面提升内在“气质”，提高外在“颜值”。依据经济、文化、社会、生态、治理等五大板块，分类谋划各领域高质量发展的顶层设计。同时，根据“一区两群”协调发展总体布局，对重庆市文化产业实行分区域、分层次、分阶段有效指导。

（二）着力夯实五大基础工程

1.经济发展提质工程

（1）调整经济结构加快产业优化升级

以产业结构的优化升级为中心，坚持把制造业高质量发展放到更加突出的位置，推动传统产业转型升级，培育战略性新兴产业，提升现代服务业发展水平，加快构建现代产业体系。重点是推动新能源汽车、装备制造、能源等产业的转型升级，深入实施以大数据智能化为引领的创新驱动发展战略行动计划，促进数字经济和实体经济有机融合，培育与壮大智能产业，立体拓展应用场景，助力重庆加快发展成为“智造重镇”“智慧名城”。创新发展支柱性服务业，着力发展高端服务业，提升发展传统服务业，运用先进发展理念，利用好现代技术优势和新型商业模式的优势，培育优化传统服务业，提高传统服务业竞争优势。

（2）合理化配置高品质生活所需资源

贯彻新发展理念，依托财政、金融等多重手段，促进总供给与总需求之间的动态平衡，促使国民经济总体平稳，稳中有进，始终运行在合理区间；以供给侧结构性改革为主线，深入推进简政放权等改革；制定推动经济高质量发展中长期规划，科学制定研究建立经济高质量发展的标准体系和统计体系，结合实际制定激励经济高质量发展的政策制度，加大对各种假冒伪劣行为的打击力度，加强知识产权保护。

(3)唱好"双城记",建好"经济圈"

注重顶层设计,坚持"一盘棋"统筹发力,规划好成渝地区双城经济圈一体化协同发展格局,构建系统、科学的发展规划,促进一体化发展的作用发挥。继续做好调节收入分配的政策措施,包括严格执行提高后的最低工资标准和最低小时工资、提高离退休人员待遇、逐步缩小部门之间、区县之间的差距、加强对高收入国有企业和事业单位收入分配的调控、监管。

2.社会建设创优工程

(1)提升公共服务水平

推进重庆公共服务标准化的建设,使城乡基础设施建设标准达到一致,使横向各方面建设发展更趋于标准化、规范化。完善重庆公共服务精准供给机制,特别是要健全信息发布机制和完善大数据条件下公共服务供需耦合机制,完善重庆社会公众广泛参与机制,包括完善多样化的需求表达机制、多渠道的供给参与机制、有序的治理参与机制和全方位的评估参与机制。

(2)强化民生服务保障

完善民生建设体系,大力实施保障和改善民生行动计划,确保补齐民生短板,贯彻和落实好就业优惠政策,关注大学生、农民工、就业困难人员的就业情况。贯彻和落实惠民工程,落实"米袋子""菜篮子"工程,保障蔬菜、食品供应,保障农产品价格基本稳定,保障好市民群众"舌尖上的安全",加大对突发公共卫生事件的管控,提高应对突发重大公共卫生事件的能力和水平,建立健全常态化疫情防控机制。解决好"两不愁、三保障"问题,防止"返贫",推进"智慧医院""美丽医院"建设。进一步加大收入分配、医疗卫生、扶贫脱贫制度上的改革,努力使人民的获得感、幸福感和安全感更加充实。

（3）深化社会治理

创新社会治理方式，以“互联网+”与社会治理相结合的方式，促进社会安全的全方位监管，实现智能化和规范化的社会安全法治体系。用好新时代文明实践站，推进“三治合一”，形成共建共治共享格局，补齐社会治理短板，形成有效的社会治理制度和良好的社会秩序。

3. 生态建设展美工程

（1）完善生态文明制度体系

切实梳理、总结重庆市加强生态文明建设的典型做法、成功经验，形成理性的认识和重庆例案，上报中央相关部委和领导。坚决贯彻“共抓大保护、不搞大开发”方针，坚持生态优先、绿色发展，学好用好“两山论”、走深走实“两化路”，厚植、用好生态优势；进一步高效利用自然生态资源，完善生态资源的责任保护制度、生态资源的自然修护制度、生态环境保护的监测制度，形成生态文明制度体系。

（2）创新生态文明治理模式

加快建设区域示范类大数据综合试验区，深化大数据在生态文明建设中的作用，形成区域（市、区、县）内外联动，形成重庆生态治理的大数据库并结合软件互联网和数字内容服务，充分利用好重庆的大数据项目工程，如公共大数据国家重点实验室重庆分部、紫光伟东重庆数据中心、华为大数据基地（涪陵）等工程项目，推动生态文明治理。

（3）构建生态产品发展链条

维系原生自然资源，比如空气、水源、森林等自然资源，打造天然“森林氧吧”“避暑休闲地”。利用重庆良好的生态资源优势，积极开发生态产品，开发休闲娱乐等派生资源，如生态旅游、产业绿化、植树造林等形式。

4.文化建设升级工程

(1)建设重庆城市文化品牌

以“名城”塑造城市品牌。重点是建设国际消费中心城市，营造优质的国际化营商环境，实施国际消费集聚区建设、国际消费营销推广等城市文化品牌工程。以“名景”成就旅游品牌。重点打好三峡、山城、人文、温泉、乡村五张名片，激发重庆经济发展活力。持续举办全球旅行商大会，促进国际文化旅游交流，更好地促进重庆旅游业向国际化发展。以“名品”体现品质品牌。重点是以知名企业为载体，保证产品质量。着力从生产、经营、消费等多环节和领域，聚焦“重庆品位”“重庆工艺”“重庆味道”品牌建设，保证重庆产业质量优势。

(2)建设重庆城市文化符号

在物质文化符号上，着力体现重庆的自然环境、标志建筑、居民行为。如彰显“山城”特色的重庆立交桥、各类网红打卡点、“中国火锅之都”的称号等，以及解放碑、朝天门、重庆人民大礼堂、人民广场、洪崖洞等标志性建筑。在历史文化符合号上，着力体现深挖巴渝文化、抗战文化，弘扬红岩精神、三峡移民精神等。在现代时尚文化符号上，着力体现现代时尚文化，如“重庆美女”“重庆夜景”等的打造和提升，并以此为依托，不断促进时尚服饰、时尚设计、时尚人才、时尚传播等重要方向的发展，不断推进“网红重庆”的现代时尚之路。

(3)凸显重庆城市精神

以典型人物推荐、城市地标打造、重庆城市色彩设计与展示，以及立体化的宣传，培育弘扬重庆市民爱国自强的城市精神和坚忍顽强的城市性格、开创向上的不懈追求。

5.政府建设增效工程

（1）优化政府绩效

积极树立领导干部正确的政绩观，从全局性的高度、前瞻性的发展视野和可持续发展的要求，实现领导干部正确的政绩与发展观的紧密结合。同时树立创新意识，尤其是要从经济发展方式上实现观念的认知改变，把经济发展的质量、效益和速度有机统一。深化评价考核机制，探索领导干部的实绩考核、民主测评、民意调查三维评价机制，创新考核指标设置，改变长期以来在唯GDP论语域下形成的指标体系构架，积极创造适应转变经济发展方式需要的指标，如生态环境指标、资源开发使用指标、生产安全指标、科技创新指标等。

（2）强化依法行政

加大学习和教育机制的完善和创新，提高公务员的法治素养，清除“官本位”思想。深入推进重点领域改革，着力构建更加“有效市场”、建设更加“有为政府”。完善行政执法体制，通过积极的改革，明确主体和主体职责，特别是做好权责的边界明晰，着力规范行政执法程序，理顺层级关系，努力减少执法层级，切实解决“多头执法”“交叉执法”等问题，提高执法运行实效。着力加强基层执法力度，推进行政决策公开，积极探索推进行政过程和结果公开化的制度和机制。

（3）打造数字政府建设

深化大数据、物联网、云计算、区块链等新一代信息技术在数字政府建设中的应用，增强政府决策的科学性和准确性。强化新兴技术支撑，搭建政务应用与服务一体化平台，推动数字化政府的专业性构建，实现数字政府的便捷性。充分用好大数据，创新基层服务形式，形成数字政府人人参与的共建共治共享的氛围。

(三)扎实推进“3+4”攻坚行动

1.聚焦优势发挥,实施三大“扬长”行动

(1)用好独特政策优势行动

一是用好国家中心城市的政策红利。重庆要切实落实好习近平总书记对重庆发展定位的要求,继续充分利用国家中心城市政策优势,强化极核功能,重点在综合服务、产业集群、物流枢纽、开放高地和人文凝聚等方面发挥更大的引领与辐射作用。二是全面对接国家战略。全面融入共建“一带一路”,加强出海出境大通道建设,提高开放型经济发展质量,促进重庆从内陆走向前沿,不断做大高质量发展、高品质生活的“朋友圈”。深入融入新时代西部大开发战略,将重庆打造成为西部地区建设高品质宜居地的标杆城市。三是加快融入成渝地区双城经济圈建设。从实际需求出发,破除行政壁垒,打通经济发展“主动脉”,畅通资源流动“大循环”,让各类资源要素有序转动起来。

(2)深化创新驱动战略行动

一是深入推进科技创新,发挥好大数据智能化的引领作用。从技术创新、产品供给、服务优化等多个领域入手,全面提升重庆制造业的智能化、数字化水平,加快建设全国“智造重镇”。大力推动交通、旅游、教育、医疗等各领域的智能化应用,让智能化“飞入寻常百姓家”,加快推进“智慧名城”建设。二是深入推进创新平台建设。统筹推进国家自主创新示范城区、西部(重庆)科学城等,依托创新平台,吸引优质创新资源,培养引进一流人才和科研团队,激发高端创新,实现创新、产业、人才等各链条上的深度融合,营造良好的创新生态环境,打造重庆高质量发展、高品质生活的新引擎。

(3)持续开展解放思想行动

开展思想大解放活动,强化"高质量发展、高品质生活"新理念,让各领域人员进一步行动起来,强化知行合一,着力推动新战略新要求落地见效,从根本上变竞争为合作,形成统一共识。以更加开放的思维主动融入"一带一路",服务国家发展战略,积极打造高能级科创、现代产业体系、交通物流枢纽等平台,引导国内外金融机构、科技、产业、人才等资源要素向重庆集聚。鼓励与引导社会组织、企业和人才走出去,参与协同合作。推动形成以国内大循环为主体、国内国际双循环相互促进的新发展格局。

2.聚焦劣势化解,实施四大"补短"行动

(1)推进调结构强产品行动

从调整结构维度,城市建设要加快产业结构调整,以及经济增长方式的转变,全面推动供给侧结构性改革,不断完善工业体系,壮大第三产业,构建现代产业体系,充分释放经济活力。建议积极引入以世界500强企业为代表的智力资金密集型产业,大力发展会展、文创等新兴产业,进一步占据产业链高端地位。农村建设要依托乡村振兴战略实施,结合重庆自然资源实际,大力发展山地特色高效产业,推动农业产业结构的调整与优化。从强化产品维度,构建良好的品牌发展政策体系与市场环境,做大做强各类产品,唱响"重庆品牌"。如依托"巴味渝珍",积极打造重庆农产品品牌体系,让重庆绿色生态农产品走向全国;持续优化文旅服务品牌建设,扩大红岩文化、大足石刻等旅游品牌的影响力,让"网红"重庆成为全国乃至世界的打卡圣地,持久保鲜。

(2)推进建平台拓市场行动

从平台建设维度,结合国家西部大开发、"一带一路"、成渝地区双城经济圈建设等战略举措,借助国际峰会、论坛、博览会等活动，打造重庆高质量发展、高品质生活的高端平台。如充分利用“智博会”的独特平台，加快布局5G产业，着力打造“重庆智造”新名片。加快科技、产业创新基地建设，如两江数字经济产业园、区块链产业创新基地等。从市场拓展维度，顺应市场发展新趋势，增加消费供给，开拓消费渠道，加快构建更加优质、更加高效的“重庆市场”服务体系，优化消费整体环境，让重庆这座集“国际范”与“巴渝风”于一身的时尚之都的消费市场全面被激活。

(3)推进缩差距促融合行动

从缩小差距维度，持续全面深化改革，扩大开放水平，加快推动新旧动能转换，增强发展动力活力，缩小与其他三大直辖市在经济、社会发展上的差距。聚焦城市新媒体产业，加快实施“数字城市”工程，推动新旧媒体的高度融合，重点挖掘移动广播电视等新兴媒体产业潜能，加大培育新媒体产业，打造全市文化产业转型升级新增长极，以缩小与四川、陕西等西部省市的差距。从促进融合维度，狠抓“一带一路”等国家战略机遇，促进重庆与国际的全面接轨，以及与国内各省市的深度融合，共建共治共享。依托“一区两群”协调发展规划，促进重庆“一区”与“两群”之间的互动融合。探索构建城乡一体融合发展的体制机制和政策体系，加快新型城镇化进程，完善交通等基础设施建设，推动“一区两群”协调发展，全面推动城乡协调发展，促进城乡优势互补，共赢发展，带动乡村全面振兴。促进产业跨界融合。重庆要积极推动科技、文化、旅游、体育、卫生等各领域的跨界融合发展。

(4)推进提素质保平安行动

用好历史文化这个重要资源，推动文旅深度融合发展，提升城乡文明水平。推进全民学习，全民培训，全民参与，普遍提升市民文明修养。积极肃清“袍哥”文化、码头文化等不良文化，建设忠诚、干净、担当的高素质干部队伍，积极营造风清气正的政治生态。进一步强化风险意识和底线思维，持续加强重大风险的预测预警能力，超前谋划风险防范工作。持续开展扫黑除恶专项斗争，强力疏堵治乱，全面推动平安重庆建设，构建共建共治共享的社会治理格局，提升风险防控，切实维护社会和谐稳定，全力提高人民的安全感、满意度。

（四）加大政策制度配套保障

1.制定高品质生活发展新规

（1）契合重庆市创造高品质生活的要求，进一步完善总体发展战略和规划管理，按照三年一个周期，明确发展目标、重点任务和主攻方向，年度滚动推进落实，确保高质量发展、高品质生活建设每年都有明显进展。设定标准的“重庆体系”。建议组织专家，参照国际标准，借鉴国内经验，构建符合重庆市创造高品质生活实际的特色标准体系。可考虑从经济、社会、生态、治理方面构建，并建立重庆市创造高品质生活统计监测机制，精准把握建设进程。

（2）加强对重庆市高品质生活评价指标体系的预警监测工作，建立及时准确的监测制度。同时，按照重庆创造高品质生活的总体要求，将目标按单项考核指标分解落实到各部门，明确牵头、责任部门主体责任。

2.健全高品质生活工作制度

（1）健全相关法律法规体系

对标《中华人民共和国民法典》，系统深入开展重庆地方性法规专项清理行动。特别是与《中华人民共和国民法典》的原则、规定不相一致的，要明确具体的修改或废止时间表，彻底清理。补充完善地方性法规，促使《中华人民共和国民法典》中的新规定在地方性法规中充分体现。如关于环境污染和生态破坏责任、食品安全等相关条例制度甚为紧要。

(2)夯实基础制度建设

以规范操作流程、消除管理盲区、摒弃多头管理为重点，加强内控体系建设。重点是各级政府、职能部门等行政主体，应进一步落实好权责清单、完善工作流程和制度，确保各项工作高效化、创新化开展。

(3)加强工作质量管理

建立系统科学实用的工作标准和制度体系，以精细化、标准化、模板化为重点，结合数字化、智能化应用，促进高品质生活创造效率大幅提升。建议以行政效能提升问题为突破口，从整体和全局的角度来统筹协调，建立大统筹、大协调和大合作的体制和运行机制。

(4)全面深化群众监督管理机制

建立和完善群众监督管理工作的长效机制，确保群众全方位、全过程、全天候监督管理；加强群众监督能力培训，切实增强群众监督、舆论监督的重要作用。